経営学史学会編 〔第二十六輯〕

経営学の未来
―― 経営学史研究の現代的意義を問う ――

文眞堂

巻頭の言

経営学史学会第 9 期理事長　勝　部　伸　夫

　経営学史学会第 26 回全国大会は，統一論題に「経営学の未来——経営学史研究の現代的意義を問う——」というテーマを掲げ，神戸大学において 5 月 18 日，19 日，20 日の 3 日間開催された。国立大学での開催は第 2 回の滋賀大学以来，24 年ぶりである。

　神戸大学は，前身の神戸高商（明治 35 年設立）からの伝統を引き継ぎ日本の経営学研究をリードする有力大学である。会場となった建物の傍には「わが國の經營學ここに生まれる」という印象的な石碑が立っている。上田貞次郎の下で学んだ平井泰太郎によって，経営学と名付けられた講義が初めて行われたという。そうした歴史と伝統のある大学だけに，学内を歩きながら説明を聞いた「歴史探訪ミニツアー」や，「特別展示室」の見学など，いつもの大会とはまた一味違ったプログラムを体験させていただいた。学会員にとっても興味の尽きない内容であったと思われる。財政的には厳しい大会運営を強いられたにも拘らず，万全の準備で対応していただいた実行委員長の上林憲雄先生をはじめとする先生方，スタッフの皆さんには厚く御礼申し上げたい。

　さて本書には，今大会の統一論題基調報告 1 篇，報告 3 編と討論者のコメント 3 編，自由論題 4 編が収められている。統一論題テーマとして掲げられた「経営学の未来」を思う存分に語ってもらおうという趣旨から，今大会では従来のようなサブテーマは設けられなかった。また年齢的にも広がりがあった方が面白い報告が聞けるのではないかということで，報告者にはちょっと失礼な言い方になるかも知れないが，「中堅」，「ベテラン」，「大御所」といった「世代別」の構成になっている。そして統一論題の基調報告者，報告者，討論者が最後に一堂に会してシンポジウムを行ったのも今大会の特徴と言えよう。通常は含まれない討論者のコメントが本書に収められて

いるのはそういう理由からである。

　今大会の統一論題のテーマである「経営学の未来——経営学史研究の現代的意義を問う——」は，「歴史的視点」だけではなく「未来的視点」に立って，経営学のさらなる発展と経営学史研究がそこで担う意義を明らかにしようとするものである。基調報告である上林報告は「経営学に未来はあるか？」という挑戦的なタイトルを掲げ，経営学史研究の果たす役割を論じている。統一論題の杉田報告は「経営学史と解釈学」というタイトルのもと，「経営学の未来」は「本流」の経営学を解釈学的に再構成されることで拓かれると主張する。村田報告は「文明と経営——経営学史研究と経営学の未来——」という大きなタイトルを掲げ，現代の企業文明においては人間の自由を前提に，経営の理法を明らかにし，社会や自然環境の問題との対話が不可欠だと主張する。丹沢報告は「先端的経営研究への学史研究の貢献——方法論的論の意義——」のタイトルで，新制度派経済学における最先端の研究を取り上げ，経営学史研究が方法論的な側面で貢献できることを主張する。何れも力のこもった報告内容であり，経営学が置かれている現状と経営学の未来，そしてそれに関連して経営学史研究の意義が語られている。こうした問題提起をどう受け止め，「経営学の未来」をどう構築していくかはわれわれに突き付けられた課題でもある。この学問の未来を明るく楽観的に語れる状況にはないとも言えるが，逆に経営学以外に現代社会の問題を根底から問える学問はあるのであろうか。とりわけ経営学史研究の意義が如何に大きいかは，何れの報告からも看取しえたし，そのことを心に留めるべきであろう。

　そうした中，この数年で少し薄くなってきた年報を見るのはちょっと淋しい。学会としてもここで奮起しなければならないであろう。

　最後になったが，厳しい出版状況の中，いつもお世話になっている文眞堂・前野隆氏，前野眞司氏には心より感謝申し上げたい。

目　次

巻頭の言 …………………………………………勝　部　伸　夫… i

第Ⅰ部　趣旨説明 ………………………………………………… 1

　　経営学の未来 ………………………………第9期運営委員会… 3
　　　――経営学史研究の現代的意義を問う――

第Ⅱ部　経営学の未来 …………………………………………… 5
　　　――経営学史研究の現代的意義を問う――

1　経営学に未来はあるか？ ……………………上　林　憲　雄… 7
　　　――経営学史研究の果たす役割――

　　　Ⅰ．はじめに ……………………………………………………… 7
　　　Ⅱ．経営学研究の現況 …………………………………………… 8
　　　Ⅲ．経営学研究への姿勢 ………………………………………… 11
　　　Ⅳ．経営学研究の基軸 …………………………………………… 14
　　　Ⅴ．経営学史研究の果たす役割 ………………………………… 16
　　　Ⅵ．むすび ………………………………………………………… 17

2　経営学史と解釈学 ……………………………杉　田　　　博… 19

　　　Ⅰ．はじめに ……………………………………………………… 19
　　　Ⅱ．解釈学と物語論 ……………………………………………… 20
　　　Ⅲ．一人称の経営思想 …………………………………………… 23
　　　Ⅳ．「本流」と解釈学 …………………………………………… 26

Ⅴ．おわりに ………………………………………………………28

3　文明と経営 ……………………………村　田　晴　夫…33
　　　──経営学史研究と経営学の未来──

　　Ⅰ．はじめに──企業文明は経営学史に自らを映し出す── ………33
　　Ⅱ．企業文明，その関心，課題，根本問題 ………………………35
　　Ⅲ．経営学とは何か，その研究の意義 ……………………………40
　　Ⅳ．経営学史研究という哲学 ………………………………………44
　　Ⅴ．結び ……………………………………………………………45

4　先端的経営研究分析による学史研究の
　　貢献 ……………………………………丹　沢　安　治…48
　　　──方法論的論究の意義──

　　Ⅰ．はじめに …………………………………………………………48
　　Ⅱ．方法論的側面からの学説分析の枠組み ………………………50
　　Ⅲ．先端的経営研究における新規性創出 …………………………51
　　Ⅳ．方法論的検討：新制度派経済学研究会において見いだされた
　　　　3つのタイプの論文 ……………………………………………53
　　Ⅴ．結論 ……………………………………………………………60

5　杉田博「経営学史と解釈学」および
　　シンポジウムに寄せて …………………藤　井　一　弘…62

6　村田晴夫「文明と経営──経営学史研究
　　と経営学の未来──」に対するコメント
　　………………………………………………三　戸　　　浩…67

　　Ⅰ．はじめに …………………………………………………………67
　　Ⅱ．村田報告の概要 …………………………………………………68
　　Ⅲ．「結び──「経営学の未来」に向けて」で我々に何が語られて
　　　　いるのか？ ………………………………………………………69

7　新制度派経済学の未来 ……………………高　橋　公　夫…72
　　──丹沢報告の討論者の視点から──
　　Ⅰ．統一論題に照らしてみた丹沢報告の意義 ………………72
　　Ⅱ．新制度派経済学と第4次産業革命 …………………………74

8　経営学の未来と方法論的課題 ……………片　岡　信　之…77
　　──シンポジウムを顧みて──
　　Ⅰ．基調報告で示された問題提起は何だったか ……………77
　　Ⅱ．各報告は問題提起にどう答えようとしたか ……………78
　　Ⅲ．経営学史の回顧と方法論的課題への問いかけ …………80
　　Ⅳ．経営学研究の未来を豊かなものにするために …………85

第Ⅲ部　論　攷 …………………………………………………………89

9　組織論におけるマルチパラダイムの
　　可能性 ………………………………………髙　木　孝　紀…91
　　Ⅰ．はじめに ……………………………………………………91
　　Ⅱ．パラダイムの多元性と共約不可能性 ……………………92
　　Ⅲ．パラダイム論の整理 ………………………………………93
　　Ⅳ．マルチパラダイムと統合的枠組み ………………………95
　　Ⅴ．結語 …………………………………………………………98

10　リニア・モデルはなぜ必要だったのか
　　 ……………………………………………桑　田　敬太郎… 102
　　──ブッシュ・レポート再訪──
　　Ⅰ．はじめに …………………………………………………… 102
　　Ⅱ．理念型としてのリニア・モデル ………………………… 103
　　Ⅲ．ブッシュ・レポート再訪 ………………………………… 105
　　Ⅳ．おわりに …………………………………………………… 111

11 離脱,発言,および組織の重心 ……… 林　　　　徹 … 114
　　　── 1920 年前後における GM 社の一考察 ──

- Ⅰ. 序 ……………………………………………………………… 114
- Ⅱ. 離脱か発言か ………………………………………………… 115
- Ⅲ. 忠誠の二面性 ………………………………………………… 118
- Ⅳ. 結語 …………………………………………………………… 122

12 顧客満足へ向けたサービス提供戦略と組織管理 ……… 木　田　世　界 … 125
　　　── コンティンジェンシー・モデルの拡張と研究課題の提示 ──

- Ⅰ. はじめに：サービス業の特徴 ……………………………… 125
- Ⅱ. 生産ライン・アプローチ …………………………………… 126
- Ⅲ. エンパワーメント・アプローチ …………………………… 126
- Ⅳ. 統合的アプローチ：リーン・サービス …………………… 127
- Ⅴ. コンティンジェンシー・モデル …………………………… 128
- Ⅵ. 考察 1：各アプローチの限界 ……………………………… 129
- Ⅶ. 考察 2：コンティンジェンシー・モデルの拡張と研究課題 … 130
- Ⅷ. 結論 …………………………………………………………… 134

第Ⅳ部　文　　献 …………………………………………………… 137

1. 経営学に未来はあるか？
　　── 経営学史研究の果たす役割 ── ……………………… 139
2. 経営学史と解釈学 ……………………………………………… 140
3. 文明と経営
　　── 経営学史研究と経営学の未来 ── …………………… 141
4. 先端的経営研究分析による学史研究の貢献
　　── 方法論的論究の意義 ── ……………………………… 142
8. 経営学の未来と方法論的課題
　　── シンポジウムを顧みて ── …………………………… 142

第Ⅴ部　資　　料 …………………………………………………… 145

経営学史学会第 26 回全国大会
　実行委員長挨拶 …………………………………上　林　憲　雄… 147
　第 26 回全国大会を振り返って…………………庭　本　佳　子… 150

第Ⅰ部
趣旨説明

経営学の未来
——経営学史研究の現代的意義を問う——

第9期運営委員会

　経営学史学会第26回全国大会の統一論題テーマは，「経営学の未来——経営学史研究の現代的意義を問う——」とする。その趣意は以下の通りである。

　一般に歴史研究の醍醐味の一つは，過去の長い時間的流れの中で現代を見つめ直し，未来のあるべき姿を構想していく点にある。それゆえ，広義の歴史研究として位置づけられる経営学史研究もまた，これまでの経営学の歴史を踏まえつつ，現代経営学の在り方を照射し，さらに経営学という学問の未来を見通し切り拓いていく役割を担っている。このような意味での「経営学史研究の意義」を改めて問い直し，それを「経営学」という学問自体の存在意義との関連で論じてみよう，というのが本大会の目的である。

　元来「学史研究」の意義の一つは，当該学問の正当性を示すものであり，その学問の存在意義を，歴史的流れの中で浮かび上がらせ，そこから将来への展望を示すものであると考える。しかしながら，当学会においては，著名な経営学者の学説研究は深められてきたとは言え，真の意味での「学史研究—学問の歴史研究」が十分に行われてきたと言えるであろうか。本学会の核である「経営学史研究とは一体何なのか」。この根本的問題を問うことが，今，必要とされている。

　この背景には，経営学という学問それ自体が弱体化しているのではないか，という危惧がある。つまり，経済学，社会学，心理学などの隣接諸学問の理論を援用して経営現象を説明しようとするアプローチは昨今多くみられるが，経営学という学問の特性や方法論を強く意識した理論研究や，それに根差した社会的インパクトの強い経営理論が生まれ難くなっているという現状がある。経営学とはいかなる学問であり，今後はどうあるべきか，このことを考えるために，経営学史研究は必要不可欠であると考える。

以上のことから，本大会では「歴史的視点」「未来的視点」という二つの観点を踏まえて，「学問の歴史」としての「経営学史」を論じたいと思っている。この際には，当然のことながら「経営学とはどのような学問なのか」ということに関する，論者の基本的視座が問われることになる。例えば，経営学の「対象」「問題」「目的」「方法」をどのように考えるか，といった「体系」ないし「枠組」である。また，今大会では，あえてサブテーマを設定しない。なぜならば，「経営学の歴史についての切り口」自体が，その論者の歴史観や問題意識を示すことになると思われるからである。さらに，最終的に経営学の未来展望を議論するにあたり，その下位にサブテーマを設定することは，論者がそれぞれのアプローチや特定の課題のみを論ずるという結果となり，本来のテーマの意義を見失ってしまう危惧が生じるからでもある。論者には，上記のような観点から経営学史を論じた上で，現代の経営をめぐる「問題状況」を把握し，未来へ向けた「経営学の構想」をも示してほしいと考えている。

　昨今の経営学研究がますます下位領域に分割され，分断された領域間での意思疎通すら時に困難となり，結果の出やすい短期的射程の「研究」が研究者の間で急速に増加しつつあるという現状のもと，果たして経営学という学問に明るい未来はあるといえるだろうか。経営学史研究は，この学問の未来に対し何を発信できるだろうか。また，そのためには経営学史研究はどのようにあらねばならないであろうか。これらの点を真摯に議論し，経営学の未来を切り拓く大会としたい。

第 II 部

経営学の未来
―― 経営学史研究の現代的意義を問う ――

1 経営学に未来はあるか？
――経営学史研究の果たす役割――

上 林 憲 雄

Ｉ．はじめに

　挑戦的な論題をまずはご容赦頂きたい。学問としての経営学の発展は，将来的に楽観視できる状況には決してない。現状のまま放置すれば「学問の精神」は衰退の一途を辿り，経営学を切り拓き，学問として打ち立ててこられた先達の労苦が水泡と化してしまいかねない。経営学史学会は，「経営学の未来」を切り拓くべく早急にアクションを起こさねばならない。大仰な表現で恐縮だが，本報告において私はこうした危機意識を参加各位と共有したいと思い，些か奇を衒った論題を付させて頂いた次第である。

　現代の経営学において，これまでの経営学者や主要学説が必ずしも十分に予測しえなかった，ないし念頭に置かれていなかった重要な現代的事象の1つが，「グローバル市場主義」（後述）の考え方の各種制度体への強力かつ急速な浸透，それに随伴して生じつつある「学術の精神」の衰退，経営学の分化発展に伴う全体志向性の欠落ないし統合理論化志向の断念ではないか――本基調報告の論意はここにある。こうした現代的状況は，これまでの経営学者たちにとって，漠然とある程度は予期されていたにせよ，かくも強力かつ急速に進展するとは予測しえていなかったのではないだろうか。我々は，時代とともに経営学が今後ますます進化を遂げ，発展していくであろうと何となく楽観視していたのではないだろうか。基調報告者自身の自戒も込め，そのように論じたいと思う。

　以下の所論において，まず「経営学」研究の昨今の動向と，その学界全体における位置づけおよびこうした趨勢の背後にある時代状況について検討を

加える。次に、これからの経営学研究を担う若手研究者の研究姿勢について私見を述べる。最後に、基調報告者の考える経営学の基軸と、経営学史を研究対象とする本学会が今後果たしていくべきと思われる役割について論ずる。

II．経営学研究の現況

多岐にわたる経営学研究の現況を端的に要約することには大きな困難を伴う。しかし、いくつかの手がかりはある。

1．グローバル市場主義の進展

先般、日本経営学会の90周年記念事業の一環として刊行された『日本経営学会史』において、経営学の現況について、片岡信之教授は次のように総括しておられる（日本経営学会が経営学研究の全てを照射しえるわけではないが、経営学の母胎となる学会として、経営学の全般的展開をその統一論題で概観することは許容されるであろう）。紙幅の都合上、全ての論点を網羅してここに記すことは出来ないが、とりわけ本基調報告の趣旨と関連する部分をいくつか引用すると、「当初日本経営学会に専ら結集していた経営学の研究（者）は、その後、関連領域やより専門的に特化された研究の推進を目指す諸学会の陸続たる設立によって、多くの関連諸学会を生むこととなった。経営関連学会協議会…に参加している学会数は2016年現在で実に60学会にのぼる。…時代と共に生まれてきた新しい領域を研究する学会…が次々に生まれるなど、今なお少しずつ増えてきている」（同上書、27頁）。こうした関連諸学会の増加により「経営研究の統一的全体性、経営現象の総合的把握をどのようにしたら確保できるのかが…今後課題として問われねばならない」（同上書、29頁）状況となっている。また、現代の情勢とその背後要因のまとめとして「…いま、企業を取り巻く国際環境は、またも超弩級の激変と転換の流れの中にある。…（現代は）従来の枠組みとは異なった、むしろ逆行する世界秩序への大きな再編の可能性が生じつつある流動的大転換期にあるかにみえる。これらを産み出した経過の最深部にあるのは、1980年

代以降に国内的・国際的に展開されてきた英米発の新自由主義経済政策であり，その限界性・問題性である」（括弧内と傍点は報告者が付加）。その結果，「従来の経営学が前提として理論を組み立ててきたその前提的諸条件・枠組み・価値観が大きく変わってきているかにみえるいま…経営学の果たし得る貢献は何なのか」が問われねばならないと鋭く指摘されている（同上書，31 頁）。

　この総括の前段に書かれている経営学の領域ごとの分化について付言するなら，各領域の発展という意味においては学会・学界の分化独立はそれなりに意味があることであろう。しかし，それに伴い，経営学の全体的な学術性，まさに経営学とは何かという点に根差した研究が少なくなってきている感も否めない。後述するように，経営学の学術的な体系性が学界人にとってすら曖昧にしか認識されていないことも相俟って，経営学的意義や学術的方法論を議論する研究がますます少なくなりつつあるように感じられる。

　また上記後段のような 1980 年代以降に英米発の新自由主義的な経済政策と共に勃興してきた思想を報告者は「グローバル市場主義」と呼ぶ。この語には，ICT や AI などの技術進歩とグローバリゼーションが相俟って，市場の自由な調整能力を信奉する思想的立場（市場主義）を強調する意味合いが込められている。現代企業において，とりわけ現代日本企業において，その変化を最も根底から規定しているのがこのグローバル市場主義であると報告者は捉えている。1980 年代以降，日本企業の「共同体」を基盤とするいわゆる日本的経営はグローバル市場主義によって大きな変更を余儀なくされ，例えば人のマネジメントの仕組み（雇用，育成，評価等のシステム）も，人事管理に代わる人的資源管理の発想法が導入されて，それに伴い組織内諸制度や活動が大きく変わりつつある（上林 2013）。

　こうしたグローバル市場主義の進展に伴う 1980 年代以降の経営学の変化は，当学会においても例えば第 22 回大会（於関東学院大学）において「現代経営学の潮流と限界――これからの経営学――」として経営学の 4 潮流（① ウィリアムソン，ジェンセンらの新制度派の経営学，② アンソフに始まりボストン・コンサルティング・グループやポーターなどの経営戦略論，③ コンティンジェンシー理論以降の組織認識論・組織学習論などの非論理

的知の組織論，④ パーソネル・マネジメントに代わるヒューマン・リソース・マネジメント（HRM））が取り上げられ，議論されている。第22回大会の統一論題趣意文によれば，これら経営学の4潮流の背景には「画一的な大量生産による工業社会から多様な需要からなる情報・流通・サービス・金融社会への転換があった」とされる。「複雑多様化し，不断に変容する市場においては，それまでのワンパターンな戦略＝組織構造では十分に対応することができなくなり，それが市場即応的で革新的な経営戦略論と環境適応的な経営組織論を要請した…。さらには市場の論理を組織内に導入し，内部市場分析として新制度派の経営学が形成された。また内部労働市場における労働力は，多様な人間能力を兼ね備えた人的資源として丸ごと売買の対象とされるに至った。…これらの理論の目指すものは環境適応とくに市場への戦略的適応である。…また，かかる人間的特性を持つ労働力の管理は非論理的な思考プロセスをも内包するため，論理的な官僚制的組織では対応することができず，より流動的で創造的組織が求められ」…これらの解決のためには「科学を超えた価値判断」に関わる経営の規範性に係る吟味が必要となるとされる。「…80年代以降の経営学の潮流を総括すると，『組織は市場をどうとらえるか』，また『科学はどこまで経営判断に有効か』といった課題への挑戦であった」と総括され，「（これらの）4つの潮流に於いて，『組織と市場』および『経営と科学』の関係を理論的・技術論的および規範論的に検討することが求められる」と的確かつ端的にまとめられている（経営学史学会 2015）。要するに，経営学という学問の在り方や今後の方向性を考える上において，「市場」や「科学」が重要な切り口となりうることが示唆されているのであり，これらが鍵概念となるという点は，経営学の未来について正面から議論しようとする今大会の統一論題にとっても大いに示唆に富んでいる。

2．実証研究志向の進展

　もう一点，当学会において経営学の近年の動向として取りざたされ議論されている論点が，上記（1）とも当然に関連するが，いわゆる「実証研究」の隆盛について，そしてそれに対比される形での「学史研究」が先細りしつ

つある現況についてである。当学会第 24 回大会（於九州産業大学）の統一論題趣意文では，「経営学史研究の興亡」と題し，経営学研究には社会的・歴史的コンテキストが重要であるとの認識が示されたうえで「経営学史研究として始まったといわれる日本の経営学において，現在，定量的な仮説―検証型の実証研究を隆盛させ，他方で学史研究の関心を低下させた歴史的・社会的要因は何か。いかなる時代背景のもとでの，どのような社会的要請と思想性に動かされ，こうした経営学史研究の興亡が生起したのか」（経営学史学会 2017）と問いかけられる。つまり，学史研究の「停滞」ないし「低迷」と，実証的研究の隆盛が一対の現象として捉えられ，統一論題テーマとして掲げられたのが第 24 回大会である。また，既述の第 25 回大会「経営学史研究の挑戦」においてもサブテーマの 1 つに「経営学史研究から実証研究への挑戦：経営学における"有用性"」が設定され，「近年，統計を用いた実証分析が世界的な主流になりつつある。…経営学史は実証的研究に対して，何を発信できるのか。経営学史研究や経営学の原理的研究もまた，経営の現実世界に向き合っている。その点を踏まえて，学史研究の独自性・独創性がどこにあるのかを明らかにする」（経営学史学会 2018）ことが重要な課題であると指摘されている。こうした実証研究の隆盛は，いうまでもなく既述のグローバル市場主義の進展や，科学をどうとらえるのかという論点と密接に関連するが，この背後には，経営学史研究におけるとりわけ若手研究者の研究が，（誤解を招きやすい表現であるが）経営学界全体の中で質量ともに大きな"存在感"を示しえていないという当学会の焦燥感があると推測される。

Ⅲ．経営学研究への姿勢

　こうしたグローバル市場主義の進展やそれに伴う実証研究の隆盛は，研究者（とりわけ若手研究者）の研究へ向かう姿勢をも大きく変質させているように思われる。いわば，グローバル市場主義の考え方が，企業経営に対してのみならず，学術界の在りようそれ自体をも変容させるような重大な影響を与えている。
　周知のように，経営学領域の若手研究者の多くが実証研究に取り組もうと

している。実証研究それ自体は，経営の現実世界の解明を試みるものであり，特段糾弾されるべきではない。しかし，そうした実証志向がついに「学問の精神」を危機に晒す似非研究へと堕すのは，少し独立変数を変えただけでどんな結果が出てくるかを単に見ようとする軽薄な仮説－検証型研究，その意味するところを研究者自身が深く考察しない場合である。実際，徐々に経営諸学会の研究発表の場でもそうした報告が増えつつあるように感じられる。

　実証研究志向は，基調報告者の観察によると，概ね以下に挙げるような3つの研究姿勢を若手研究者の間で助長しつつある。第一は，既述の「領域分断化志向」である。領域ごとの専門分化が進み，各領域で発展を遂げているように一見，見える。しかし，経営学の全体像を意識した研究は最近とみに少なくなっている感がある。換言すれば，専門分化は進んでいるかもしれないが，他方でその統合がなされておらず，分野間で壁ができており，その壁がますます高くなりつつある傾向にあるように思われる。既述したように経営関連学会協議会の所属学協会は60有余も存在し，その後もますます増加しつつあるが，こうした数は他の学問領域にはみられない経営学に特異な趨勢である。このことはまさしく，経営学研究者にその学問固有の問題意識や核となるべき思考方法が（たとえ存在していたとしても）極めて薄弱であることを示唆している。同じ経営学内でも，隣の学会で何をやっているかよくわからない，そもそも他学会のことにはあまり関心がない，下手すれば自身の所属する学会の動向にすら無関心である，同じ経営学傘下の学会なのに共通言語すらない――こうした状態が罷り通っているのが，現状の経営学ではないだろうか。

　第二は研究の「見える化」の進展である。経営学における多くの実証研究（とりわけ仮説－検証型研究の場合）は，現実に関するデータを量的に収集し，それらを統計的に分析する形態をとる。得られたデータや分析結果が新しいという点においては新規性があり，何らかの帰結は見える形で出てくる。しかし，分析枠組みや手法は，一定の枠組みを前提しており，枠組みそのものの是非を議論しようとする姿勢は昨今では殆ど見られない。ここでは，そうした現象を「見える化」の進展と呼ぶが，表現を変えるなら「無

思考化」や「反知性主義」の進行と呼んでもよいかもしれない。いずれにせよ，所与の枠組みや方法の下でのみデータを取り，その前提となる枠組みそれ自体については何ら考えようとしない研究姿勢が昨今俄かに増えているように感じられる。悪く言えば，何らかの帰結を取り敢えず導き出し，論文として刊行したいがために研究しているようにすら見受けられる。

　そしてこうした姿勢は，必然的に，研究スコープの短期化や小粒化をもたらすことになる。この研究の短期化志向が実証主義隆盛化のもたらす第三の研究姿勢である。かつての学史ベースの研究者であれば大概は考えていた「経営学とは何か」とか，「この研究の理論的な意義は何か」といった，長期的で大局的な視座に立った問いかけや意味の深耕は昨今の研究では殆どなされない。むしろ，こうしたことを考えること自体が良くないことだ，格好の悪いことだという風潮すら感じられる。このような経営学研究の現況は，もはや総体としての学術研究，学問としての体をなしていないのではないかという危機感すら覚えざるを得ない。本来，研究活動の基本は，（当然に当該学問にとっての意義は見据えたうえではあるべきだが）個人の自由な発想とパッションに基づき，何らかを解明したいから研究する，その結果を論文として世に問う，という姿勢であり，こうした順序が研究活動の然るべきプロセスのはずであるが，実情はその逆になっており，「論文を書かないといけないから研究する」「学界でしかるべき評価を受けキャリアアップするために研究する」というように変質しており，全く本末転倒した状況になってしまっていると言わざるを得ない。こうした状況では，論文の刊行数は増えたとしても，総体としての学術の発展は望むべくもない。

　実証志向の全てがこうした反知性主義的で危険な動向を伴うわけでは勿論ない。しかし，こうした実証研究の隆盛の背後には，既述のような「グローバル市場主義」の深化・浸透があると報告者は考える。社会のありとあらゆる領域（研究も含む）に，広範にかつ深遠にこの発想が浸透し，目に見えないものや思想・哲学を周縁に追いやり，きっちり形があり「役立つ」ものだけを成果物として評価して，そこに資源を優先的に投入しようという「選択と集中」の考え方が伏在している。しかも，最悪なことに，多くの日本国民はそれを支持している。なかなか結果の見えてこない研究など不要で，限ら

れた資源はきっちり目に見えて"役立つ"研究のみに投入すべきだというのが「選択と集中」の考え方であろう。

　もとより，こうした動向は経営学以外の他の学問領域においても大なり小なり認められるところである。隣接する経済学でも然りであるし，理工系の研究でも，実験の結果は出せてもその前提となる基礎を理解していない若手研究者が増え，各学会で大きな問題となっていると聞く。読むべき論文数がかつてに比べ飛躍的に増大していることに加え，実験の下準備や手続きそのものは技術進歩により大幅に簡素化され，たとえ知識のない者が実験に携わっても，何らかの結果は一応導出できるようになっているという（内田 2015）。要するに，グローバル市場主義の進展そのものが学術の精神やその発展を阻害する契機を内包させているのである。

　こうした経営学研究の現況とそれを取り巻く状況に鑑みた際，学術研究としての経営学は来るべき将来，どのような形で展開されるべきであろうか。経営学史研究として，どのようにこの逆境に立ち向かい，対応していけばよいであろうか。まずは基調報告者の考える経営学研究の基軸から検討してみよう。

Ⅳ．経営学研究の基軸

　社会システム論で著名なウォーラーステインは，社会諸科学の学術領域の制度化について，次のように述べている。

　「…（現代の学問分野の分割の）知的な源泉は19世紀の支配的な自由主義イデオロギーであった。それは，国家と市場，政治と経済が，分析上別個の領域であり，各領域には特殊な諸法則（『諸論理』）があると論じたのである。社会は，それらの領域を別々に維持するべきだと切望していたし，学者は，それらの領域を別個のものとして研究した。市場の領域にも国家の領域にも明らかに存在していない多くの現実が存在しているように思われたので，それを埋め合わせるように，こうした現実は社会学という大きな名称をまとった残り物用の福袋に入れられたのである。ある意味で，社会学は，経済学や政治学が説明できなかった『非合理的』に思わ

れる現象を説明すると考えられていた。最後に，文明世界から遠く離れた人々が存在し，そうした人たちとコミュニケーションを図ることは難しかったので，そうした人々の研究は，特殊な規則と訓練法を取り入れ，幾分問題のある人類学という名称をまとうことになったのである」（ウォーラーステイン 1993, 349 頁；吉見 2016）。

ここには政治学，経済学，社会学，人類学などが分科し，学問領域として制度化されていった経緯が簡潔かつ的確に表現されているが，新興の「経営学」については（そもそもウォーラーステインは学術領域として認識していないせいか）一言も触れられていない。ここで示されているような簡明な形で経営学の在りようを端的に述べるなら，（異論はあるだろうが）企業などの各種組織体が社会的に大きな役割を果たすと認識されるにつれ，その運営をうまく行う必要性に駆られ生まれてきたのが経営学であるといって大きな誤りはないであろう。この「うまく行う」という多義的で曖昧性を含むのが経営学ならではの特徴である。誰（どこ）にとって，どうであればそれは「うまくいった」と考えるかが研究者ごとに異なっており，そのことが経営学研究者相互の対話を難しくしている一因となっていると思われる。個々の研究者各自がそれぞれ一定の価値規範を前提に置いた上で初めて評価しうるのが「うまくいった」か否かの判断である。まさに社会全体の，そして研究者各自の価値判断が問われる問題が経営学研究の基軸となっているのである（cf., ウェーバー）。

この点に関連し，神戸大学名誉教授の加護野忠男氏は，本学最終講義（2010 年 1 月 25 日）の場で「規範的経営学のススメ」と題し，概ね次のような所論を展開した。「経営学は，『イイコトをうまく行う』ための学問である。かつて経営学では，何がイイコトであるかという論点に注力し，規範論的な研究が中心であった。しかしその後，組織に関する実証研究が盛んになり，その結果として実証データでもって検証しようとする研究，どうすれば『うまく』いくかに焦点を当てた研究ばかりが増殖することとなった。米国を倣った統治機構の無批判な導入など，昨今の企業経営上の諸問題を観察するにつけ，今後は何が（日本企業の）経営にとって『イイコト』であるかを見極めるべく，原点となる規範的経営学に立ち返らなければならない時期

が来ている」…これは報告者なりの（やや我田引水の）要約で，必ずしも正確でないが，本学のホームページ上の記録においても，三品和弘教授によるその要約として「経営学には手段の合理性（事実判断）を問う側面と，目的の善や正義（価値判断）を問う側面がある。後者については誰しも重要と認めながら，学問として成立しにくいことから，研究の蓄積が乏しいままである。しかし，配偶者を選ぶのに損得計算で決断する人はいない。それと同じことで，本当に大事なことはみんな気合い（価値判断）で決めている。いま時代はあらためて価値判断の是非を問う規範的経営学を求めている。若い研究者には，躊躇することなく，そこに立ち向かってほしい。これを神戸大学を去るにあたっての『遺言』としたい」という趣旨の講義をされたと紹介されている（神戸大学大学院経営学研究科ホームページ）。我が国における実証主義経営学の嚆矢である加護野教授をもってして，昨今の実証研究全盛志向に鋭く警鐘を鳴らしていることは，この問題を深く考えるうえで極めて興味深い。

V．経営学史研究の果たす役割

　さて，こうしたグローバル市場主義の進展に伴う学術研究の変容，実証研究の隆盛ないし学史研究の先細り状況に対し，我々経営学史学会は何をなしうるだろうか。未来志向に立ち，経営学の学術としての発展を考えた場合，我々は何をなさねばならないであろうか。
　経営学史研究に取り組もうとする若手研究者が減り，実証研究志向が（それも軽薄な実証研究が）増殖しつつある現況を嘆き，手を拱いてばかりいても何も始まらない。時代の流れとともに，ますますその趨勢が拡がり助長されるだけである。本報告の冒頭に述べた報告者の仰々しい危機意識は，グローバル市場主義の急速な進展，国民への意識の浸透のもと，早急に学術として何らかの手を打たなければ，そう遠くない将来，手遅れになってしまいかねないという素朴な直観に端を発するものである。
　では経営学史学会として何をなすべきか。この後の統一論題各位の報告とシンポジウムでの議論の中から一筋の光明が見えることを期待したいが，基

調報告者としての基本的なアイデアは，我々学史学会が主導する形で，軽薄ではない実証研究をきっちり見極め，その結果を取り込んで，「イイコトをうまく行う」という経営学研究の基軸に立ち返り，新たな経営学の構築を志向していくこと――これである。敢えて「学史学会が主導する形で」と書くゆえんは，対立する価値観や規範の間の対話を促し，意思疎通を可能とする仕事は，哲学や思想を研究の根幹に据える学史学会員こそがまさになすべき使命であると考えるためである。実証研究者が主に関心を寄せるのは，あくまで企業経営を取り巻く現実がどうなっているかという点に係る観察・計測であり，それを長期的な視点で理論化することまで射程に入れている研究は少ない。叱責を覚悟で言えば，多くの実証研究は，価値を所与・前提としたうえで，「うまくいく」論理やそのための方途を追求しているに過ぎない。実証志向の研究者の一部には，価値規範に関わる事象は「科学」にあらずとして回避し，排斥する傾向すらある。つまり，経営学研究者（学史研究と実証研究）の間で，まさに経営学とは何であり，どうあるべきかに関する価値が対立しているのであり，この相克する価値の間を取り持ち，相互の対話を可能な状況へともっていくのは哲学や思想サイドの重要な仕事であると思われるためである（cf., 竹田 1993）。学史研究と実証研究の間には，周知のように深い溝があり，現状では対話さえ困難な状況にあるのであって，このことが学術としての経営学の総体的発展を困難にしている側面があるのではなかろうか。対話の手を差し伸べ，総体としての経営学の発展へ向け立ち上がるのは学史研究者でないとなし得ない。我々は学史研究の先細りを嘆き，手を拱いてばかりいてはならない，早急に事態打開へ向けたアクションを起こさねばならない，というのが基調報告者の率直な思いである。

VI. むすび

本報告の骨子は以下の6点に要約できる。(1)経営学史研究は過去の歴史や学説に閉じたものであってはならず，それらの意義と反省を踏まえ，現代の経営現象に焦点を当て，来るべき未来をも見据えた研究であって然るべきである。[1] (2)現代の経営や経営学の未来にとって今般最も大きな影響を及

ぼしているのが「グローバル市場主義」の進展・浸透である。(3) グローバル市場主義は，経営学を含む学術研究の在り方そのものも変質させつつあり，とりわけ次代を担う若手研究者の研究姿勢に，領域分断化志向・見える化志向・短期化志向の助長という形で，暗い影を落としている。(4) 経営学史学会がここ数年，問題視してきた仮説－検証型の（軽薄な）実証研究志向の隆盛もこのコンテキストにおいて理解が可能である。(5) 経営学には，経営の大前提となる価値や規範にまで踏み込んだ吟味が必要であり，昨今のグローバル市場主義の進展下においては一層この点に留意されねばならない。(6) 学史研究と実証研究との間に厳然として横たわる価値規範の溝を埋め，ひとまず相互に対話が可能な状況へと回帰させることは，哲学や思想を基盤に据え研究しようとする経営学史学会ならではの使命であり，これこそが経営学史研究に求められる現代的役割にほかならない。

注
1) 本稿では，この論点は紙幅の制約のため言及していない。詳細は『予稿集』を参照されたい。

参考文献
ウェーバー，M. 著／大塚久雄訳（1989），『プロテスタンティズムの倫理と資本主義の精神』岩波書店。
ウォーラーステイン，I. 著／本多健吉・高橋章監訳（1993），『脱＝社会科学——19世紀パラダイムの限界——』藤原書店。
内田樹編著（2015），『日本の反知性主義』晶文社。
上林憲雄編著（2013），『変貌する日本型経営——グローバル市場主義の進展と日本企業——』中央経済社。
経営学史学会のホームページ：http://keieigakusi.info/ (2018年2月11日閲覧)。
神戸大学大学院経営学研究科のホームページ：https://www.b.kobe-u.ac.jp/info/news/2011/01/post_118.html (2018年2月11日閲覧)。
竹田青嗣（1993），『自分を知るための哲学入門』筑摩書房。
日本経営学会編（2017），『日本経営学会史—創設51周年から90周年まで』千倉書房。
三戸公（2012），「経営学史研究の意義」『経営学史事典［第2版］』文眞堂，2-3頁所収。
山本安次郎（1992），「経営学史学会設立趣意書」：http://keieigakusi.info/files/setsuritsu_syui.pdf (2018年2月11日閲覧)。
吉見俊哉（2016），『「文系学部廃止」の衝撃』集英社。

2　経営学史と解釈学

杉　田　　　博

Ⅰ．はじめに

　本稿の目的は，経営学史研究の現代的意義を解釈学（hermeneutics）に見出し，そこから「経営学の未来」を構想することにある[1]。20世紀半ば以降，解釈学は新たな科学観として注目を集めたが，経営学史に絡めて科学哲学（philosophy of science）の議論をここでしたいわけではない[2]。本稿で焦点を当てるのは，「部分と全体との生ける有機的関係」（新田2006，229頁）を問う哲学としての解釈学である。

　19世紀後半から20世紀初頭にかけて，ヨーロッパを軸に発展した解釈学は，同時代の「生の哲学」からの流れでアメリカのプラグマティズムにも影響を与えた。プラグマティズムといっても論者によって異なるが，ジェームズ（W. James）のそれは，人間と社会の主体的把握と多元的理解に特徴がある。これを思想的基盤の一つとすることで，フォレット（M. P. Follett）とバーナード（C. I. Barnard）は，行為者自らが経営世界を生きるという思想を作り上げた。

　さて本稿では，解釈主義（interpretivism）との違いに注意しながら，「解釈学とは何か」を説明することから始めたい。つぎに，こうした解釈学が問う「部分と全体との生ける有機的関係」に着目し，そこからフォレットとバーナードの物語論的な経営思想を確認しよう。そして最後に，物語論的な解釈学が，「本流」と呼ばれる経営学の歴史に息づいていることを明らかにしたい。

II．解釈学と物語論

　近代科学の始まりは，ガリレイ（G. Glilei），ベーコン（F. Bacon），そしてデカルト（R. Descartes）らが領導した17世紀まで遡る。ここを起源として客観的な研究方法が確立し，それが自然科学の標準と見做されるようになった。それを補完するのか，それに抗うのか，20世紀に登場した主観的な研究方法は，人文・社会科学のみならず，逆に自然科学にまで影響を与えている。

　野家啓一によれば，客観的記述を目指す自然科学は「三人称の科学」であり，主観的要素を排除しない人間科学は「二人称の科学」である（野家2010a，28-30頁）。後者の「二人称の科学」は，観察者が分析対象の内側に入り込み，行為者の視点で社会的世界の主観的意味を問う。一般に，この研究方法は解釈主義（あるいは解釈学的）アプローチと呼ばれている。

　これに該当するものに，ブルーマー（H. Blumer）のシンボリック相互作用論がある。ブルーマーは，人間や社会の現象を捉える際に，「三人称の科学」のように外部から接近するのではなく，行為者の立場から明らかにすべきと主張した。そのために必要なのは，実験，大量調査，統計的分析ではなく，日記，手紙，記録などの質的資料，ケーススタディ，インタビュー，そして参与観察とした。人間の主観的側面を重視して意味やシンボルの解明を目指す解釈主義アプローチは，シュッツ（A. Schutz）の現象学的社会学，バーガー＆ルックマン（P. L. Berger and T. Luckmann）の知識社会学，そしてガーフィンケル（H. Garfinkel）のエスノメソドロジーなどとともに「意味の社会学」と呼ばれている。このように，観察者と行為者との間に成立する「二人称の科学」を，坂下昭宣は「二重の意味構成の学」と，そしてギデンズ（A.Giddens）は「二重の解釈学」と称した。[3]

　哲学史からすると，解釈主義アプローチは解釈学の影響を受けている。当初，解釈学は聖書を理解するための方法だったが，シュライエルマッハー（F. D. E. Schleiermacher）の一般解釈学を継承したディルタイ（W. Dilthey）は，精神科学という言葉で人間を対象とする解釈学を提唱した。

「生の哲学」の研究者でもあるディルタイは，俯瞰的に分析する自然科学的方法によらず，当事者が自分の体験から「生」を理解することの大切さを説いた。また，その発想から人間の存在論を展開したのがハイデガー（M. Heidegger）であり，さらにガダマー（H. G. Gadamer）は，歴史観を重んじる解釈学を構築した。すべての解釈学に共通しているのは，「全体から部分へ」と「部分から全体へ」というように，相互に反映し合って解釈を強化するという方法である。これは「解釈学的循環」と呼ばれ，シュライエルマッハー以降，解釈学の鍵概念となった。

もう一つ，解釈学的循環と並ぶ鍵概念に「先行了解」がある。これは解釈の枠組みであり，ハイデガーの「先行構造」やガダマーの「先入観」がこれに当たる。われわれは，これまでに得た知識や経験などを手がかりに物事を解釈する。しかし，その手がかりが正しいとは限らない。誤った解釈を招く場合もあるだろう。したがって，それを防ぐためには，解釈の枠組みである先行了解でも，「全体から部分へ」と「部分から全体へ」という解釈学的循環がなされなければならない。なぜなら，それらの解釈が矛盾なく進行していれば，暫定的ながら妥当性が担保されるからだ。

ところで，こうした解釈学の展開のなか，デカルトからカント（I. Kant）に至る近代哲学に対する批判は，ローティー（R. M. Rorty）の「言語論的転回（linguistic turn）」，さらには「物語論的転回（narrative turn）」をもたらした。歴史哲学の分野では，ダント（A. C. Danto）の『物語としての歴史』や，ホワイト（H. White）の『メタヒストリー』などがその嚆矢と見做され，その後，リクール（P. Ricoeur）の『時間と物語』へと引き継がれた。人間経験を時間軸に沿って構造化する方法は，わが国でも坂部恵の「かたり」や，野家啓一の「物語り論」に影響を与えた。

同様の立場は，1980年以降，「現実は社会的に構成される」とする社会構成主義（social constructivism）のもと，さらに賑わいを見せた。医療の分野では，根拠（科学的データ）に基づく医療（EBM：Evidence Based Medicine）を補完するものとして，語り（ナラティブ）に基づく医療（NBM：Narrative Based Medicine）が現れた。患者の不安や悩みなどを発話から理解し，それを臨床の現場で活かしていくことが重要とされた。ま

た，企業向けの人事コンサルティングの分野では，アプリシエイティブ・インクワイリー（AI）という対話型のプログラムが流行っているらしい。自分たちの成功体験を語ることが，内発的動機づけやチーム・エンパワーメントに効果的とされているようだ。

さまざまな学問分野で注目される物語論は，解釈学の新しい展開と見ることができる。野家（2010a，4頁）によれば，「語られたもの」ではなく「語る行為または実践」という性格を備える物語論は，「一種の解釈学的行為であり，過去の出来事を再構成することによって，現在の自己の境地を逆照射する機能を持っている」（野家 2005，108頁）。こうして現代の物語論は，小説や童話のようなテキストに留まらず，人間の行為や経験の解釈装置に敷衍した。

たとえば前述のリクールは，人間の時間的性格に注目し，「物語的自己同一性」（Ricoeur 1990, pp. 244-249，翻訳書，445-453頁）という自己論を唱えた。これまで自分がどのように生きてきたのか，これから自分はどのように生きていくのか，つまり，誕生から死に至るまでの生涯にわたって同一人物であることを正当化する答えは，人生を物語ることでしかあり得ない。リクールによれば，物語ることは筋立てによる行為の模倣であり，行為と物語との循環によって，「行為者としての自己」と「物語の主人公」が同一となる。

マッキンタイア（A. MacIntyre）も同じように，人間の行為は歴史的および社会的文脈から捉えることで理解可能だと述べている。会話が他者との共同制作であるように，人生という物語も他者との相互行為を通して作られる。〈私〉にとっての「善き生」は，〈私〉が生きるコミュニティにとっての「善き生」でもある。コミュニティは生きる場であり，そこで共有される善—共通善—の追求が「徳」とされた。マッキンタイアにとって，人生とは「善き生」の「物語的探求」（MacIntyre 2007, pp. 218-219，翻訳書，268頁）なのだ。

また，コミュニタリアニズムの旗手サンデル（M. J. Sandel）は，マッキンタイアの人間観を継ぎ，文化的・歴史的な文脈のなかに埋め込まれつつ生きる社会的な人間の姿を捉えた。そして，コミュニティを生きる「物語る存

在」(Sandel 2010, pp. 221-223, 翻訳書, 286-289頁) としての人間が共通善を形成し，それに影響されながらも自由に生きる方法を解釈学的に示したのである。

そしてフォレットもまた，人間を他者との関係のなかで主体性を得る存在と把握し，コミュニティおよび国家を生きる人間の在り様を，一人称ないし一人称複数の視点で問うた。コミュニタリアン的に言えば，フォレットの統一体論は，コミュニティのなかで共有される共通善としての「集合的観念 (collective idea/thought)」や「集合的意思 (collective will)」を形成するというものだった。フォレットが生きた20世紀初頭とコミュニタリアニズムが台頭した1980年代とでは時代状況が異なるものの，両者は哲学的かつ実践的な方法で社会問題の解決を図ろうとした。自己と他者が「善き生」と「善き社会」を求めて共に立ち向かう物語には成長の可能性が秘められている。そして，彼らがグリーン (T. H. Green) の道徳哲学から影響を受けている点も興味深い。コミュニティにおける道徳的人格の形成を説くグリーンに依拠すれば，「物語る」は「善く生きる」ことに他ならない。

III. 一人称の経営思想

「全体から部分へ」と「部分から全体へ」という解釈学的循環は，まさにフォレットの「状況の法則 (law of the situation)」の論理である。状況とは「円環的反応 (circular response)」によって形成される全体の一局面である。そして，その一局面から発展した一局面へと導く過程的趨勢を，フォレットは「状況の法則」と呼んだのだ[4]。

フォレットは経営者の役割として，「調整 (coordination)」と「予測 (anticipating)」をあげる (Follett 1940, pp. 260-266, 翻訳書, 357-366頁)。調整は，「相互作用 (interacting)」，「統一体化 (unifying)」，「創発 (emerging)」という組織化であり，予測は，こうした組織化の方向性を見極めることである。フォレットによれば，優れた経営者は状況の移り行くプロセスを見極める能力に長けているという[5]。とりわけ，この予測が単なる状況適応のみならず，新たな状況創造を含意している点は特筆に値する

(Follett 1940, p. 263, 翻訳書, 362 頁)。

　人間は他者と機能の「統合 (integration)」を試みる。そこに集団, 組織, そして社会が形成される。こうしたプロセスのなかで, 人間は他者や全体との機能の関係化を通して自らを成長させるのである。これがフォレットの「再人格化 (repersonalizing)」(Metcalf and Urwick 1940, p. 60, 翻訳書, 85 頁) だ。こうした自己概念は,〈人間－組織－社会〉を射程に入れたプロセスであり, フォレットの基本問題そのものであろう。こうして, 状況は当該組織を超えて社会全体の価値規範をも含んだものとなる。

　進むべき方向性を見極める積極的な経営者の姿勢は, バーナードの創造的管理論にも確認できる。人間は, 物的, 生物的, 社会的要因によって, 制約されながらも自由意思を行使する主客統合の存在として, 過去から現在への歴史的時間を生きている。そして協働システム (cooperate system) もまた, 物的, 生物的, 社会的要因の合成物であり, それらの諸要因が活動の場としての組織 (formal organization) において統合される。

　ホワイトヘッド (A. N. Whitehead) 流に言うならば, 人間と協働システムは, それぞれが「単に位置を占める (simple location)」(Whitehead 1967, p. 49, 翻訳書, 65 頁) ことのない「現実的存在 (actual entity)」(Whitehead 1978, p. 18, 翻訳書, 30 頁) である。人間は組織を通じて協働システムに働きかける主体でもあり, それと同時に協働システムに統合される客体でもある。ここには「合生 (concrescence)」と「移行 (transition)」という二つの流れがある (Whitehead 1978, p. 210, 翻訳書, 366 頁)。前者は現実的存在の内的な生成であり, 後者は現実的存在の外的な連鎖である。このように生成し連鎖し続ける主体／客体の在り様を, ホワイトヘッドは「自己超越体 (superject)」と呼んだ。

　ホワイトヘッドの「有機体の哲学」におけるコスモロジー, すなわち, 人間から宇宙までの相互依存関係を, 経営世界に置き換えたのがバーナードであった。〈人間－組織－社会〉の垂直同型性を主張し, 人間の存在の意味は, それを含む協働システム, すなわち社会的世界の文脈とともに理解されるべきと説く村田晴夫は,『経営者の役割』を次のように読む。「バーナードは, その理論を人間の考察から始めた。そして協働システムという現実的存

在から組織の考察へ到り，仮説としての公式組織の定義に到着した。それを出発点として科学的に組織理論を構築し，そこから再び人間の方向へと降下するのである」(村田 1984, 130 頁) と。機会主義的な科学 (science) の頂から降り立った先には，「道徳準則 (moral code)」の創造を最高のテストとする芸術 (art) としての管理があったのである。

　バーナードは，「全体としての組織とそれに関連する全体状況を感得すること」(Barnard 1968, p. 235, 翻訳書, 245 頁) を管理の本質であるとした。全体状況は，人間，組織，そして社会と関わっており，また「深く過去に根ざし，未来永劫に向かう」(Barnard 1968, p. 284, 翻訳書, 296 頁) ものである。つまり，全体状況は空間的かつ時間的な文脈そのものである。これらを感じ取るのは，科学よりもむしろ芸術の問題であり，論理的であるよりもむしろ審美的である (Barnard 1968, p. 235, 翻訳書, 245 頁)。バーナードが言うように，この問題は主知主義的な能力や要素還元の技術を超えている。

　このとき，組織の構成員と非公式組織にとって，「個人準則 (individual code)」と「組織準則 (organizational code)」が一致しているという確信，すなわち，正義 (justice) としての道徳準則を創造することが経営者に求められる。なぜなら，それは「共同目的に共通な意味を与え，他の諸誘因を効果ならしめる誘因を創造し，変化する環境のなかで，無数の意思決定の主観的側面に一貫性を与え，協働に必要な強い凝集力を生み出す個人的確信を吹き込む」(Barnard 1968, pp. 283-284, 翻訳書, 296 頁) ことを可能にするからだ。

　「自由と非自由，支配と被支配，選択と被選択，誘因の供与と誘因の拒否不能，権威の源泉と権威の否定不能，独立と従属，人格の育成と非人格化，目的の形成と目的のやむを得ざる変更，意思決定のための諸制約の探求，特定なものを探求しながらも全体との関連の保持，リーダーの発見とリーダーシップの拒否，現世支配の希望と見えざるものによる支配」(Barnard 1968, p. 296, 翻訳書, 309 頁) などの「人間の生に内在する深刻な逆説と感情の対立」(Barnard 1968, p. 296, 翻訳書, 309 頁) は，科学では語り得ない。バーナードが示した「社会における人間の物語 (the story of man in society)」(Barnard 1968, p. 296, 翻訳書, 309 頁) は, 企業経営者として経営世界を生きた彼自身の経験そのものだった。

　バーナードは, 主著『経営者の役割』の〈序〉において,「組織のセンス」を十分に伝えることができなったと反省している。それでも, 管理過程論（組織経済論）や管理責任論（道徳的リーダーシップ）などを内的視点の論理と方法で語り得たのはさすがだ。また, フォレットの「円環的反応（経験の発展的な連鎖）」,「再人格化（個人と組織の同時的成長）」, そして「権限機能説（権限と責任は機能に付随する）」なども,「組織のセンス」ないし「コミュニティのセンス」によるものと捉えれば腑に落ちる。彼らは自らの経験から会得した一人称の「センス」を語ったのだ。

　一般に, 自らの経験を綴った実務家の著作は人々を惹きつけるものである。辻村宏和が「一人称レベルの持論」と評するように, 第一線で活躍する彼らの言葉には説得力があるからだろう。だが庭本佳和が指摘するように, 実務家が自己の体験を理論化するためには, 三つの条件──① 広く深い経営体験と行為直観把握（行動知）, ② 自己の体験（個別経験）を一般理論化する深い哲学的洞察能力, ③ それを概念化し, 理論化し, 思考として他者に示す言語表現能力──が必要であり, これらを満たす実務家は極めて少ないという（庭本 2012, 75 頁）。

　なるほど, 書店に並ぶビジネス書はハウツー本やエッセイ本の類が多く, 理論のレベルに到達しているとは言い難い。今後, フォレットやバーナードのような「実務家にして研究者」は現れるのだろうか。いずれにしても, 彼らを抜きにして経営学史──経営学の生成と発展──を語ることはできない。

IV.「本流」と解釈学

　三戸公によれば, テイラー（F. W. Taylor）の科学的管理は,「経験から科学へ」と「対立から協調へ」の二本柱からなる。ここから経営学は, 前者のみを追及する「主流」と, 両者を同時に追及する「本流」とに分かれて発展した（三戸 2002, 3-11 頁）。

　まず「主流」の経営学は, 機能主義（functionalism）の学と評される。一

般に，機能主義と言えばパーソンズ（T. Persons）流の構造−機能主義を指すことが多い。システムの維持・存続のための貢献作用に注目するこのタイプの機能主義は，社会システムにおける諸事象間の因果関係，また，それとの関連で〈目的−手段〉の合理性を問う。経営学の歴史のなかでも，唯一最善の方法は存在しないという認識のもと，より機能的な，すなわち合目的的な組織構造の探求を試みたコンティンジェンシー理論はその色彩が強い。「もし環境に適合するならば，その組織は高業績をもたらす」という if-then の論理は，既存の理論から仮説を立てて検証するという論理実証主義（logical positivism）に依拠している。「三人称の科学」であるこの方法は，意思決定の科学を構築したサイモン（H. A. Simon）など，まさに経営学の「主流」となって現在に至る。

つぎに「本流」の経営学は，「主流」のように要素還元的に接近することはせず，部分と全体を統合的に把握しようとする。三戸はその論者として，フォレット，バーナード，そしてドラッカー（P. F. Drucker）の名をあげた。フォレットはソーシャルワーカー，バーナードは企業経営者，そしてドラッカーは新聞記者やコンサルタントなどの経歴がある。三戸が，「統合論に立つフォレット，科学的対象として把握する人間規定と科学を超える人間規定の両者に立とうとするバーナード，自由と機能のマネジメントを説くドラッカー」（三戸 2013, 19 頁）と述べるように，「実務家にして研究者」ならではの直観が織りなす経営思想は，解釈学的であり物語論的である。

前述したように，19 世紀後半から 20 世紀初頭にかけて発展した解釈学は，ゲシュタルト学派など同時期に勃興した全体論的な思想的潮流と互いに接近した。こうした思想哲学の流れのなかで，〈人間−組織−社会〉における「部分と全体との生ける有機的関係」を問う「本流」の経営学が誕生した。そこには単なる理解の技法ではなく，人間存在の意味，そしてそれらの歴史性を問う哲学としての解釈学の影響を見て取れる。そして，「本流」に真正面から向き合う現代の経営学史・学説研究者もまた，解釈学に対する自覚の有無はともかく，歴史的・社会的文脈から経営の全体状況を捉えることに注意を払ってきたのだと思う。

科学の名の下に，歴史，哲学，倫理，規範，価値，意味といったものを

排除する「主流」の経営学では，経営の実態を豊かに語り，来るべき未来を的確に見通すような理論や学説は出てこない（勝部 2018，60頁）。そうであれば，「経営学の未来」は規範論たる「本流」にかかっている。庭本は「鍛造・拡張して，現代の経営課題に即して新たに展開し直すこと」（庭本 2012，77頁），村田は「理論のエッセンスを解釈学として捉え直すこと」（村田 2013，106頁）が必要だと述べた。これらはバーナード理論についての指摘であり，庭本にあっては解釈学に触れていない。それを承知のうえで，「経営学の未来」は「本流」の経営学史研究の更なる展開によって拓かれると筆者は主張したい。これは取りも直さず，解釈学を方法とする「一人称の経営学」を構想することの表明である。

V．おわりに

フッサール（E. Husserl）は，「生活世界」に数式の衣を被せたガリレイを，「発見する天才であると同時に隠蔽する天才」（Husserl 1976, S. 53, 翻訳書，95頁）と皮肉ったが，諸悪の根源は科学それ自体ではない。大森荘蔵が言うように，「自然の数学化」は世界を数量的―温度，和音，色彩など―に表現してくれる。問題は「感覚的性質が削除され，幾何学・運動学的性質のみが残留する」（大森 1994，147頁）ことによる「自然の死物化」である。これに対し，大森は「近代科学の路線の本来あるべき道」（大森 1994，239頁）として，物理的描写と知覚的描写との「重ね描き」（大森 1994，10頁）を提唱したのだった。また，20世紀後半の科学史における「科学の論理学」から「科学の解釈学」への潮流変化を捉え，その相補的な関係構築の必要性を主張する野家も同じ境地なのだろう[8]。彼は両者を統合する方向にこそ，科学哲学の展望を見るべきという考えを示したのである（野家 1993，35頁）。

とはいえ，学の世界には高い壁と深い溝がある。「主流」の経営学と「本流」の経営学との間も同じである。このことは本学会でも指摘され続けてきた。沼上幹は，「いつの時代にも，歴史的・社会的コンテクストに注意を払わなければ，研究の方向付けを誤る可能性がある」（沼上 2007，105頁）と

述べるなど，実証研究者でありながらも経営学説史の重要性を自覚している。だが，こうした実証研究者は少ない。「経営学研究がますます下位領域に分割され，分断された領域間での意思疎通すら時に困難となり，結果の出やすい短期的射程の研究が研究者の間で急速に増加しつつある現状」（統一論題趣意説明『経営学史学会通信』第 24 号，2017 年）に鑑みると，やはり「本当にそれで良いの？」と言いたくなってしまう。

　だからこそ，われわれ経営学史研究者は，「三人称の経営学」に重ね描く材料として，「部分と全体との生ける有機的関係」を問う「一人称の経営学」を提示し続けたい。なぜなら，科学的知識，あるいは分析的論理から得られた知見は，その都度，全体状況のなかで理解されなければならないからだ（村田 2013, 107 頁）。人間にせよ，組織にせよ，社会にせよ，あらゆる状況は流転する。その移ろいゆく状況への眼差しが，解釈学としての「一人称の経営学」を創出するのである。

注
1）　経営学史学会第 26 回全国大会の統一論題は，「経営学の未来——経営学史研究の現代的意義を問う——」である。報告者には，「歴史的視点」と「未来的視点」を踏まえて「学問の歴史」としての経営学史を論じることが求められた（統一論題趣意説明『経営学史学会通信』第 24 号，2017 年）。
2）　科学哲学は科学に対する哲学的考察の総称であり，第二次大戦で亡命を余儀なくされた者（ウィーン＝シカゴ学派）を担い手として発展した論理実証主義および分析哲学を奉ずる英米圏の科学論を指すことが多い。野家啓一はこれを「科学の論理学」と称した。「科学の論理学」は 50 年代に最盛期を迎えたが，60 年代になると検証可能性などをめぐる論争を経てその勢いは衰え，新科学哲学（new philosophy of science）という新たな潮流が現れた。その論者の一人，ハンソン（N. R. Hanson）は「観察の理論負荷性」という科学性から，観察という作業には「として見る（seeing as）」という「先行了解」が組み込まれていると主張した。またクーン（T. S. Kuhn）は，観察と理論の間の「解釈学的循環」を指摘し，科学者集団におけるパラダイム内でのルーティン化された研究活動を「パズル解き」になぞらえた。野家は彼らの立場を「科学の論理学」に対して「科学の解釈学」と位置づけた。野家（1993, 12-35 頁；2010a, 13-17 頁）を参照されたい。
3）　坂下昭宣は，解釈主義アプローチの方法について次のように述べている。「シュッツは意味の「1 次的構成」と「2 次的構成」を区別した。1 次的構成とは，観察者ではなく行為者自身が意味を構成することである。これに対して 2 次的構成とは，行為者の 1 次的意味構成を観察者が 2 次的に再構成することである。こうしてシュッツは，現象学的社会学の課題は行為者の 1 次的構成物を観察者が 2 次的に再構成することであるとしたのである。この意味で，シュッツの現象学的社会学は「二重の意味構成の学」であった。またシュッツほどには明示的に主張してはいないが，他のすべての解釈主義パラダイムも，さらには解釈主義的シンボリズム論も，当然こういった「二重の意味構成の学」である」（坂下 2002, 180 頁）。

4) 村田晴夫によれば,「状況の法則に従う」ことには,「全体の構成要素である人間が, 主体的に状況に関与し, その状況の止揚を企図する」という積極的な側面と,「人間が主体であるよりも客体として, 全体状況の流れに統合される」という消極的な側面の二つがある(村田 1984, 203 頁)。
5) フォレットは状況が移行する瞬間を理解するための資質として,「最も微妙で敏感な知覚力, 想像力, 洞察力, そして同時に勇気と信念を必要とする」(Follett 1940, p. 263, 翻訳書, 361 頁)と述べている。フォレットの経営者論については, 三井(2009, 146-148 頁)が詳しい。
6) バーナードが「内的視点で捉えた現象を何とか内的視点の論理と方法で語り得たのは, 循環的規定だと批判された組織定義, 全体感が支配する管理過程論(組織経済論), 道徳性(価値的側面)が前面に躍り出てくる管理責任論ぐらいである。受容的な権威理解や責任中心思考も, 組織の存続をはかる行為的視点(内的視点)からは, 自然に見えたのだろう。いずれも激しい批判を浴びた箇所か, 無視された箇所である。科学的な対象論理に立つ記述方法でない故の批判であろうが, 一般的には理解しにくい組織定義における顧客の位置も, 読み手が組織に内的な管理的視点に立てれば, 腑に落ちる」(庭本 2012, 75 頁)。こうして庭本佳和はバーナード理論の方法を行為哲学と捉えた(庭本 2012, 75 頁)。
7) 辻村宏和は, バーナードの主著『経営者の役割』を「一人称レベルの持論」と評した。バーナードは, 自己の精神内に起こるさまざまな現象を「内観」することで,「経営者ポジションで経営を論ずる」ことができたのだという。こうした「一人称レベルの持論」が, ケースメソッドなどの経営教育で効果的だと辻村は主張するのである。それゆえ,「一人称レベルの持論」は, ナラティブ等と同じように聞き手と話し手との関係, つまり「二人称の科学」の領域と見做されているようだ。学会報告時, 辻村教授から「一人称」と「二人称」をめぐって有益な質問とコメントをいただいた。記して感謝の意を表したい。
8) 野家啓一は, 大森(1994)に「物活論の復権」と題する「解説」を寄せ, そこに「"重ね描き"は科学論上の一提案であるに留まらず, "活物自然と人間との一体感"の回復を目指した世界観上の態度変更という意義をも有しているのである」(251 頁)と記している。

参考文献

Barnard, C. I. (1938, 1968), *The Functions of the Executives*, Harvard University Press.(山本安次郎・田杉競・飯野春樹訳『経営者の役割』ダイヤモンド社, 1968 年。)

Follett, M. P. (1918), *The New State: Group Organization the Solution of Popular Government*, Longmans, Green and Co.(三戸公監訳/榎本世彦・高澤十四久・上田鷲訳『新しい国家——民主的政治の解決としての集団組織論——』文眞堂, 1993 年。)

Follett, M. P. (1924), *Creative Experience*, Longmans, Green and Co.(三戸公監訳/齋藤貞之・西村香織・山下剛訳『創造的経験』文眞堂, 2017 年。)

Follett, M. P. (1926), Social Ethics Seminary, box 62, R. C. Cabot Papers, Harvard University Archives.

James, W. (1907, 1981), *Pragmatism*, Hackett Publishing Company.(桝田啓三郎訳『プラグマティズム』日本教文社, 1960 年。)

MacIntyre, A. (1981, 2007), *After Virtue*, 3rd edition, Bristol Classical Press.(篠崎榮訳『美徳なき時代』みすず書房, 1993 年。)

Metcalf, H. C. and Urwick, L. (1940), *Dynamic Administration: the Collected papers of Mary Parker Follett*, Bath Management Trust.(米田清貴・三戸公訳『組織行動の原理(新装版)』未来社, 1997 年。)

Ricoeur, P. (1983), *Time and Narrative Vol. 1*, The University of Chicago Press.(久米博訳『時

間と物語 I』新曜社，1987 年。）
Ricoeur, P. (1985), *Time and Narrative Vol. 3*, The University of Chicago Press. （久米博訳『時間と物語Ⅲ』新曜社，1990 年。）
Rorty, R. (1979), *Philosophy and the Mirror of Nature*, Princeton University Press. （野家啓一監訳／伊藤春樹他訳『哲学と自然の鏡』産業図書，1993 年。）
Sandel, M. J. (2009), *Justice: What's the right thing to do?*, Farrar, Straus & Giroux. （鬼澤忍訳『これからの「正義」の話をしよう』早川書房，2010 年。）
Whitehead, A. N. (1925, 1967), *Science and the Modern World*, The Macmillan Company. （上田泰治・村上至孝訳『科学と近代世界』松籟社，1981 年。）
Whitehead, A. N. (1929, 1978), *Process and Reality*, The Macmillan Company. （山本誠作訳『過程と実在』松籟社，1984 年。）
今田高俊（2010），「リベラル＝コミュニタリアン論争を超えて」『社会学史研究』日本社会学史学会，第 32 号。
大森荘蔵（1994），『知の構築とその呪縛』ちくま学芸文庫。
勝部伸夫（2018），「経営学の「科学化」と実証研究——経営学史研究の意義——」経営学史学会編『経営学史研究の挑戦（経営学史学会年報 第 25 輯）』文眞堂。
坂下昭宣（2002），『組織シンボリズム論——論点と方法——』白桃書房。
坂部恵（1990），『かたり』弘文社。
杉田博（2015），「経営学における二つの物語論」『経営学研究』第 26 巻，石巻専修大学経営学会。
杉田博（2017），「M. P. フォレットの世界観——その物語性の哲学的基礎——」経営学史学会編『経営学史研究の興亡（経営学史学会年報 第 24 輯）』文眞堂。
田中裕（1998），『ホワイトヘッド——有機体の哲学——』講談社。
辻村宏和（2018），「経営教育学序説——経営者の「主客合一性」と一人称レベルの持論——」『経営教育研究（日本マネジメント学会誌）』Vol. 21, No. 1, 学文社。
中村昇（2007），『ホワイトヘッドの哲学』講談社。
新田義弘（2006），『現象学と解釈学』ちくま学芸文庫。
庭本佳和（2006），『バーナード経営学の展開——意味と生命を求めて——』文眞堂。
庭本佳和（2012），「行為哲学としての経営学の方法」経営学史学会編『経営学の思想と方法（経営学史学会年報 第 19 輯）』文眞堂。
沼上幹（2007），「アメリカの経営戦略論と日本企業の実証研究——リソース・ベースト・ビューを巡る相互作用——」経営学史学会編『経営学の現在（経営学史学会年報 第 14 輯）』文眞堂。
野家啓一（1993），『科学の解釈学』新曜社。
野家啓一（2005），『物語の哲学』岩波新書。
野家啓一（2010a），「物語り論（ナラトロジー）の射程」村田晴夫・吉原正彦編『経営思想研究への討究——学問の新しい形——』文眞堂。
野家啓一（2010b），「科学・形而上学・物語り——ホワイトヘッド『科学と近代世界』再読——」『プロセス思想』第 14 号，日本ホワイトヘッド・プロセス学会。
野家啓一（2018），『はざまの哲学』青土社。
林貴啓（2010），「プロセス物語論のために——物語るプロセス／プロセスを物語る——」『プロセス思想』第 14 号，日本ホワイトヘッド・プロセス学会。
林貴啓（2014），「ホワイトヘッド哲学——環境倫理へのラディカルな示唆——」『思想』No. 693。
三井泉（2009），『社会ネットワーキング論の源流——M. P. フォレットの思想——』文眞堂。
三戸公（2002），『管理とは何か——テイラー，フォレット，バーナード，ドラッカーを超えて——』文眞堂。

三戸公（2013），「日本における経営学の貢献と反省」経営学史学会編『経営学の貢献と反省（経営学史学会年報 第20輯）』文眞堂。
村田晴夫（1984），『管理の哲学――個と全体・その方法と意味――』文眞堂。
村田晴夫（1990），『情報とシステムの哲学――現代批判の視点――』文眞堂。
村田晴夫（2013），「経営学史における組織と時間」経営学史学会編『経営学の貢献と反省（経営学史学会年報 第20輯）』文眞堂。
村田康常（2014a），「文明の進歩と課題――上向きの趨勢と客体的不死性――」『プロセス思想』第15号，日本ホワイトヘッド・プロセス学会。
村田康常（2014b），「住まうこと，冒険すること，狩すること――「プロセス」の三つの様態――」『思想』No. 693，理想社。
吉原正彦（2018），「経営学史研究の挑戦――その持つ意味――」経営学史学会編『経営学史研究の挑戦（経営学史学会年報 第25輯）』文眞堂。

3 文明と経営
──経営学史研究と経営学の未来──

村 田 晴 夫

Ⅰ．はじめに──企業文明は経営学史に自らを映し出す──

　思想があって学が開かれる。哲学が問われて思想が豊かになる。
　経営学の未来は，豊かな経営学史研究によって導かれる。

　20世紀の文明は企業文明と呼ばれよう（村田 2017）。企業こそ，この20世紀の文明を造り上げた人間の活動の原動力であり，それは巨大化して国家にも並ぶ資力を持ち，現代のリヴァイアサンとも譬えられる存在になって来つつある。この状況について三戸浩，池内秀己，勝部伸夫はその共著書『企業論』において「20世紀は企業の時代と呼ぶことができる」と書いた（三戸浩他 1999,「（初版）はしがき」）。片岡信之，高橋俊夫，篠崎恒夫『新しい時代と経営学；叢書現代経営学1．』（片岡他 1998）は共編著者の連名で「現代社会においてリヴァイアサンとなった企業」と表現した（「はしがき」iii 頁）。また私（村田）は，これまでにも‘企業文明’について語ってきた。それは「20世紀が企業経営の発展によって切り拓かれた文明を主軸として展開した時代」という認識に立っており，「それを受け入れて育てようとする観念の底流」を「広義の経営思想」（村田 2010, i–ii 頁）と捉えてきた。
　経営学は，20世紀の企業文明の展開と共に始まる。経営学はその背景に経営思想の広がりを持っている。そして経営学の歴史は，企業文明の歴史を映し出しながら，その歩みを展開する。この認識こそ，20世紀文明の批判としての経営学史研究を照射するのである。ここで批判とは‘筋を明らかに

すること'の意である。

「文明は定義することが難しい概念である」（Whitehead 1933, p. 273, 翻訳書，377頁）と言われる。文明概念の定義については別途に研究を進めるとして（村田 2016；2017），われわれは差し当たって文明を「（文化を内に含んだ）生活の合理的形式」として捉えておこう。この文明のイメージから想像できることは，文明とは協働システムの「有りよう」だということである。協働システムこそ，人間の生活の具体的現実なのだから（小笠原 2004）。

本論考でわれわれが従う方法論は有機体論的システム論である。バーナードを先蹤として，A. N. ホワイトヘッドの有機体の哲学によってその内実が裏付けられた方法論範疇である（村田 1984；1990）。

企業文明について，それを深く研究するためには，経営学史にたいする哲学的研究が必要である。その研究は「哲学スル」という学問の本質的営為によって果たされる。これがわれわれの主張である。

本論文は，Ⅰ節「はじめに」と最終Ⅴ節「結び」及び以下に示す3つの節（Ⅱ，Ⅲ，Ⅳ）から成る。それぞれの節で扱われる主題とそれらの接続関係を予め示しておく。やや入り組んだ叙述の見取り図ともなればと願っている。

第Ⅱ節「企業文明，その関心，課題，根本問題」において，われわれは経営思想史こそ企業文明の命題的な姿であることを明らかにして，企業文明における近代文明を超え出る可能性について検討する。この問題は未解決であるが，その可能性は予感できる。以下，企業文明の有する人間性，社会性，自然性に関するそれぞれの課題について触れた後，企業文明に内包される根本問題としての「全体と個」の問題について取り上げる。これが「経営」概念の文明論的拡大につながることを示す。

第Ⅲ節「経営学とは何か，その研究の意義」において，経営学史学会創立に貢献した先駆者および現代における学会の代表的論者における経営学観「経営学とは何か」について検討を加える。そこに見られる多様性にもかかわらずその全体に実に生き生きとした活性が感じられるのは，その論議が内包している「哲学」とそれらの良い意味でのぶつかり合いが議論に生命を吹

き込んでいるからであることを教えられるであろう。ここにまた，経営学史研究の意義に通ずる哲学的探究の活性があることも指摘しておきたい。
　第Ⅳ節「経営学史研究という哲学」では，概ね次のことが述べられる。経営学史研究は「経営学の学における歴史を問う学」である。そして「学の学」は学問を研究の対象とすることから，それは哲学の領域と交差する位置に置かれるとともに，「歴史を問う」こともまた哲学に深く関係してくる。〈文明と経営〉というカテゴリー（範疇）で経営学史研究を捉えること，そして企業文明という領域において展開されてきた経営学の歴史を捉えること，これを学問研究の精神と方法において推進するものが「哲学スル」という精神であることが語られる。
　「文明と経営」の諸相に至る一つの道を示したい。

Ⅱ．企業文明，その関心，課題，根本問題

1．経営思想史への関心；社会科学の歴史を超え出るか・・・

　企業文明が世界を覆っている時代に，その文明の現実をいかなるものと評価するのか。これまでにもわれわれは近代文明について，それは「具体性置き違い」の文明であることを，原子力発電事故に関連して指摘してきた（村田 2013；2017）。少なくともこの文明が自らの基礎を近代科学に負っている限り，抽象化された前提の上に成立している近代科学の世界をそのまま具体と信じる「具体性置き違いの誤謬」に対して注意を促したバーナードの精神は，経営学の視点において受け継がれなければならない。この論点は既に語ってきた（同上書）。本論考では，企業文明が内包している経営思想の問題を取り上げる。社会科学の歴史をその思想と哲学の面にまで拡大してみると，経済学史，政治学史，法学史を中核として，さらに比較的新しい社会学史を含む社会思想史の輪郭が浮かび上がってくるであろう。それらと比較して経営思想とその歴史はいかなる展開をもたらそうとしているのか，これが本論考に含まれる課題である。それは次のことを意味している。企業文明は人類の歴史の上で，近代文明の単なる発展的な展開なのだろうか，それともそれを超える新たな文明への移行なのだろうか，と。

この問いを問うことは，経営学史を社会思想史の中において比較検討することによって推進できよう。企業文明は経営思想史を映しており，逆に経営思想史は企業文明を映しているのであるから，経営思想史の側から企業文明の特色を検討するのである。もちろん，思想史と文明の両者間の乖離や齟齬もあるだろう。それらはかえって思想史と現実の比較と解釈の問題に糸口を与えてくれるかもしれない。いずれにせよそれも比較と解釈の手段である。経営思想史研究は従来からの社会思想史研究のフィールドに含まれるとするのか，あるいはそこから超え出ていると見るのか，ここに問題の一つの頂点がある。

　ドラッカーの論調には，この問題に肯定の評価，すなわち経営思想がこれまでの社会思想を超え出る方向の評価を与えているように見えるところがあるし，三戸公の論調にも積極的肯定の方向が窺える。例えば1977年頃の著作『人間の学としての経営学』（三戸 1977）にも，また比較的近年の『ドラッカー、その思想』（三戸 2011）にも，その雰囲気が刻まれている。企業文明の問題に自らを投入することが研究姿勢と重なってくる。「経営思想史」への関心がより高い思想性へと導かれる臨場感が支配する。

　いま一つ，自然環境問題と社会思想に関連する庭本佳和の仕事を例にとってみたい。庭本は，経営を生命システム・意味システムと捉える。その見方において見えてくる自然環境と人間社会における諸問題が関心圏に向かう原動力――（主）――となって，バーナード理論がそれに力を貸す――（従）――のである。研究者庭本が理論創造主体である。20世紀後半，世の中の趨勢はまた，公害問題から地球環境問題，そして組織社会・管理社会の問題が重なり合って，それらの問題状況がベトナム戦争にたいする反戦平和への祈りとも重なって，近代科学が潜在せしめていたその影の部分が論じられるようになって行く。この時代，庭本は「近代科学論を超えて」（庭本 1983）を書いて近代科学のような言語化された世界以前の知の世界，行動知，に注目しながら，文明を阻害する自然環境問題その他の社会問題に迫っている。その克服への学的努力の証しとも言えるのがバーナード研究に立脚する彼独自の「行為経営学」と呼ばれる新しい学問の構想である。この新しい学は「経営哲学と経営理論が表裏一体に繋がった経営理論にして経営哲学」（庭本

2012) というイメージの学として描かれる。このような学を構想し，目指す，そのことは経営思想史と経営学史研究において豊かさを増すと思われる例証でもある。文明の危機に立ち向かって行こうとする研究者の姿勢があった。

　しかし，この学「行為経営学」は近代科学を超えて行くものでなければならない。それは具体的にはいかなる学的な力をもたらすと期待できるのであろうか。近代科学は客観的な言語であるから，使い方はそれを使う人の主観に委ねられる。それに対してプラクティスを掲げる経営学においては，主体－客体関係の有りようが論じられなければならない。次節に挙げる小島三郎の近代科学スクールと引き比べて論じて行かなければならない課題であろう。

　経営学史あるいは経営思想の歴史的展開における文明論的な意味を，このように，近代社会科学における社会思想史の伝統を超え出て行くものと理解することはありうるであろう。それを見定めるにはなお大部の成書級の仕事が必要かと思われる。

2．企業文明三つの課題；人間性の衰滅，文化の対立，自然環境問題

　20世紀「企業文明」，それは企業の活動によって変化を遂げ，また支えられている文明なのである。産業システムという近代文明の外枠に，内側から生命を吹き込むのが企業なのだ，とはヴェブレンの指摘である（Veblen 1904, chap. 1）。

　文明は文化を内に含んだ生活の合理的形式であり，具体的には生活一般の様式として現れてくる。社会生活の様式は「人間の技」に基づいており，社会の諸システムの有りようとなって現れる（村田 2016, 29頁）。

　個々の人々が従っている生活様式は，社会の全体に共有されているその文明としての生活の様式であり，その社会の人々に共有されている。その有りようは，言語における「構造とパロル」のような仕組みを類推させる。そのような文明の共有構造を産み出して支えるのが文化である。文明は文化という深層の価値理念によって内側から支えられている。まさにその時に，そこで，自然と社会が出会って人間的な意味を創造する。

人間は与えられた大宇宙の，この自然の世界に人為をもって働きかけて衣食住を獲得し，自らの日常において文明の生活様式に従いながら，自らの生活環境としての文明世界を構築して行く。その意味での文明は誰にでも参加できる合理性を持っている（司馬 1997）。このような合理性には生活合理性という呼称が似合うであろう。それに対して文化は，人々に共有された価値観であり，主観的に理解できても客観的普遍性を持たない。その意味で文化は合理性以前のものであり，多元的であって，誰にでも参加できるものではない非合理なものである。宗教が文化の代表的なひとつの例である。文明化された社会という意味ではその生活様式が共有されていても，その中にも多くの文化が息づいているのである。価値観の多様性の調和は平和への条件である。これが逆の目になること，すなわち多元文化間の対立は不毛である。

　文明の衰退あるいは転機に関して20世紀末からすでに論じ，あるいは論じられてきたが（村田 1995b），21世紀のいま，企業文明という文明の転機はますます明らかになってきているのではなかろうか。転機に立って見えてきた文明の三つの問題の悩みがますます大きくなっている。それら三つの問題とは，経営学史学会第2回大会（1994年，滋賀大学）において提示した次の諸問題である。第一に人間性を見失うこと，第二に文化多元性による価値観の対立と相互排除の問題，そして第三に自然環境問題である（村田 1995a）。いま改めて思う，人間性の消滅はマックス・ウェーバーのあの精神の無い専門人，心情の無い享楽人という「末人」（Weber 1905）の警告を。そして文化多元性による対立と憎悪にはホワイトヘッドの「憎悪のゴスペル」（Whitehead 1925, 翻訳書，274頁）という警告とともに，いま地球上で繰り広げられている状況を思わずにおれない。そしてさらには地球温暖化対策についての先進国も後進国も示すあの自国優先主義。これら三つの問題から見えるものは，企業文明を象徴する協働システムの，その象徴における退廃という，まさに文明の頽落でしかない。

3．全体と個；企業文明に内包される根本問題

　企業の社会的存在の原点は，人々の生活の様式を確立し，それを保護して行くための必要な財とサーヴィスを供給することにある。このサイクル，生

活様式の確立，保護，供給が好循環をなしている環境は生活者にとって「優れた環境」ということになる。

　より重要な問題は，企業生成の原点である営利原理と，社会的存在としての企業に対する社会的要請とはいかにして整合的に並立できるか，ということである。この問題こそ近代社会科学が形を変えて取り組んできた個の自由と全体の統合としての意味という問題の企業文明における現われである。アダム・スミスにおいては個の自由競争が共感原理の下で，見えざる手によって調和にもたらされる，という形でまとめられることに象徴されている。企業の力は国家の権力とは異なるものであって，それは人間の自由意志に基礎を置いたものであることに特徴がある。個の自由意志に対する企業という協働の全体性，そしてまた企業という個に対する社会という全体性の問題である。

　これは価値観を含む問題であり，科学の中で答えを見つけるべき問題ではない。そこには極めて哲学的な思索が求められている。

　ホワイトヘッド哲学からこれらを見ると，人間に対する尊厳とは，人間を生み出したところの自然という偉大なるものへの畏敬から生ずると考えられている。文化多元性の調和は，社会が抱える根源的な問題であること，そして企業文明の推進は，まさに人間と自然を繋ぐ媒介項の役割を果たすものでなければならない。そのためにはどうあらねばならないか，これが経営学史研究に求められる課題である。どのような人間観，社会観，自然観をもって迫るのか，あるいは迫るべきではないのか，企業文明の課題である。

　企業の活動によってもたらされる人々の生活とその様式，それがわれわれの言う企業文明である。一人ひとりが自ら自由に生きること，それを可能にするための人々の協働・・・，それは如何にして可能か。全体と個の問題はこのようにも言い換えられる。そしてこの全体と個の問題の意味を「自由と協働」において具体化するとき，そこに要請される概念が「経営」である。

　企業文明の優れた環境を生み出すこと，これを文明の達成と呼ぼう。そのために必要な文化価値理念の探究，そしてその理念を社会的に共有すること，これこそ経営思想研究の課題である。

　文明の達成，それは文明の課題（三つの）に向けられた努力が根底にあっ

て，その上でなお人為的な人間努力によって達成せられるものである。この人間努力を「広義の経営」と呼びたい。詳論のゆとりがなくなったが，経営概念の基本範疇として「組織の存続」と「目的的行為」の二つを，先行の「全体と個」に加えて書き留めておきたい。これら三つの範疇に共通して関与するのが個と協働の弁証法的過程の問題であり，世代間の時間の問題を含む。

　悲劇を忘却しないこと，それが平安への道程である（Whitehead 1933）。この「最広義の経営」カテゴリー（範疇）が予想されるところである。

Ⅲ．経営学とは何か，その研究の意義

1．経営学とは何か，藻利重隆・山本安次郎・三戸公らの学説から考える

　「経営学とは何か」という問いこそ，この学，経営学の成立以来，問われ続けてきた文明論的問いなのである。文明化した社会には第一に，真理に対する共通の受け止め方と受容がある。しかし，経営学の場合，その受容の仕方に相当大きな振幅がある。それらが文明論的にどのように割り切ることができるのか，以下では藻利重隆・山本安次郎・三戸公に上林憲雄を加えて，経営学に対するそれぞれの見方について検討して行く。また，その時代に日本の経営学界に影響を与えた科学哲学についても取り上げる。

　経営学に向けられたこの「学への問い」こそ，日本の経営学が問うてきた問いであった。1970年代から経営学史学会創立（1993年）の頃にも，日本経営学界のリーダー達は次のように考えていた。

　藻利重隆（藻利1973）に依れば，経営学は資本主義経営における企業を対象とする学問だと言われる。「経営学は資本主義経営たる企業，ないし企業の活動をその研究対象とするとともに，こうした企業諸活動の実践原理を究明し，これにもとづいて，各種の実践原則を体系的に確立することをその課題とするもの」であり，「経営学はまさに，経営管理学をなす」（同上書，「序」，2頁）のである。

　山本安次郎は，日本経営学がドイツ経営学とアメリカ経営学の分裂をそのままに引きずっていることは学理的に許されないことと考え，その統一に腐

心していたが，西田幾多郎の行為主体の弁証法論理「作られたるものが作るものを作る」に出会って，経営を「事業と企業の経営主体的統一」という歴史的社会的存在と捉えることで，その分裂的危機を超え出ることができると確信した。また山本安次郎は「一つの学問の歴史は学問そのものである」（ゲーテ）を引いて（山本 1982）経営学と経営学史の一体性を強調していた。

　ここで西田哲学が引用されることが注意を惹く。西田自身，「経営」というコトバを次のような文脈で用いていることにわれわれもまた，今少しセンシティヴであってもよいのではないだろうか。「種は個として環境的に自己自身を経営することによって生きるのである。種は個によって環境的に自己自身を経営することによって，環境的に変ぜられて行く。」（西田 1948）

　三戸公における経営学観は，個別資本説に見られるように，企業をマルクスの資本論の射程において捉えること，その企業活動が所有と支配においていかなる変貌を成し遂げてきたのかという問題，そして同時に，フォレットおよびバーナードの組織論を基礎にして，人間中心の経営学を打ち立てること，さらには産業社会から組織中心社会への変遷する現代を捉えることから，現代において進行している情報革命とその社会的変貌を捉えることとして経営学が壮大さを露わにする。そして経営学史学会創立の年報第一号に，初代学会理事長として寄せた論文の冒頭に次の文が見られる。「経営学とはいかなる学問であるか。そして経営学は，現代社会においていかなる位置と意味を持つ学問であるか。そしてまた経営学は，現代社会科学においていかなる位置を占め，いかなる意味をもつ学問なのであろうか。この問いを（中略）問いたいと思う」（三戸公 1994）

　この哲学的含意に満ちた問いは，またそのまま文明論の問いである。そしてこの「経営学とは何か」という問いに対して，これほど多様な分かれがあることをいかに解釈すべきであろうか。

　山本安次郎の宿願は日本経営学におけるこの分かれ，特にアメリカ経営学とドイツ経営学，を架橋することであった。その時に使われたのが西田哲学であったが，その意味は理解できても，実際に協働することが困難なほど難解なこの論理は，残念ながら少数派に留まる。これを如何にして突破できるかが課題である。

そして藻利重隆と三戸公にも経営学を「管理の学」と見なす点では共通するものがある。藻利の捉え方は企業の実践原理という点に力点が置かれている。一方，三戸の場合は未来に力点を置く歴史観を中心に，身近な変化と時代的な大きな変動の状況にも目配りをしつつ，資本主義体制そのものの変動にも力点を置くのが三戸経営学の特色である。

日本の経営学における周辺の広がりを考慮しても，ここに挙げた先駆者たちは良き例を示していると言えるであろう。それは経営学に対する文明論的段階の例示である。認識論的・学的態度の共有性と，批判があっても認め合う寛容，経営学に対する目的の共通性において同方向的だということである。

これに対して，それから約四半世紀（二十数年）を経た世代を代表して上林憲雄の経営学観を瞥見する。まず企業経営の原理は経済合理性か社会合理性にある。その上で，人の管理という内的側面と環境対応という外的側面における経営が語られなければならない。経営学は真にその作業を全うしようとしているのだろうか・・・。経営学は社会科学の下位における一員として機能すべきである。社会科学はそれぞれの分化した領域における現象を客観的に正しく照射しなければならない。経営学においては経済性と社会性の適切なバランスが求められる。経営学における照射の意味は，経営者の主体的意思の貫徹という経営の理を明らかにすることである。しかし経済性と社会性という経営の軸の問題についての学問的位置づけなどはいかに考えるのかに未熟な面が残されている，とされる。またその対象領域は企業にウェイトがあるものの，必ずしもそれのみに限定されるものではないとされる（上林 2012）。

現実の企業文明における企業経営に忠実で明快な説明である。われわれが営利企業という利己的存在者の営利原則に立つ自我意識と，社会的存在としての役割に関わる社会的全体性からの要請としてきたところの要点は，それぞれ経済性，社会性というコトバによって単純化されている。科学として扱うには当面充分であろうが，あるいは哲学的深さを追究すべく要請されるかもしれない重要な点である。この時代における経営学に対する一つのイデアル・テュプス的説明を例示しているとも言えようか。そうした諸々の意味を

籠めて，現代の経営学観の一つの標準形を見ると言ってよかろう。

またドイツ経営学はその成立の当初から方法論に拘り続けていたが，第一次世界大戦後における論理実証主義，またそれを批判的に超えて行くポパーの反証可能性に立脚する批判的合理主義，そしてクーンのパラダイム論等々，科学方法論の大きなうねりが，ドイツ経営学を通して日本の経営学会にも大きな影響を与えたのであった。当時の一方のリーダー小島三郎の編集になる『現代経営学事典』（小島 1978）は科学哲学の領域もカバーしているユニークさを持ち，科学たらんとする経営学研究者の姿勢を象徴している。

こうしてわれわれは日本の経営学史研究の分野に，経営学とは何かという問題をめぐってさまざまな考え方がありうることを知った。ここから出発して，新しい経営学の創造にもたらされる可能性についての論議が次の段階として予想され，期待される。

2．経営学史研究，経営学の未来に向けて

20世紀という時代，大企業が登場し，二度の世界大戦を経験し，先に述べたように科学の進歩とそれに連動する技術の進展，後半には技術に先導された科学になってゆく激動の律動を，大企業は自身の経営に吸収し，この文明世界を作り上げたのだと言えるだろう。そうしてこの企業文明と連動して経営学が起こり，さまざまに展開し発展した経営学の歴史が刻まれた。これら二者，企業文明と経営学史は互いに他の歴史を作りつつ，作られ，映しつつ，映されて，世紀を超えて進んできた。そしてわれわれはまた，この文明の抱える影の部分について，対応しなければならない。

文明は，自然という世界の本質に働きかけて行く人間社会の営みの蓄積に対して現れる人間的次元での意味に他ならない。経営学はこの問題群に立ち向かって行かなければならない。

経営学の未来は，文明の危機に対応すべく力を注がなければならないであろう。そのためには，技術－科学に対しても勿論のこと，さらに哲学にたいして自らを鍛えなければならない。創造的な哲学の探究が期待される。

これが未来に対する予告である。

Ⅳ. 経営学史研究という哲学

1．哲学の精神

　経営学史研究は「経営学の学」である。そして先に見た通り，「学の学」は「哲学」である。これらのことから，経営学史研究は一つの「哲学」でなければならない。〈文明と経営〉というカテゴリー（範疇）で経営学史研究を捉えること，そして企業文明という領域において展開されてきた経営学の歴史を捉えること，これを学問研究の精神と方法において推進するものが「哲学スル」という精神である。

　社会科学の問題あるいは社会思想の諸問題に対するアプローチの中で，哲学研究に基づく方法は最も効率が良くない，ともいわれることがある（高島他 1962，9頁）。その理由として哲学の抽象的で社会の具体的な問題に不慣れなことが挙げられたりするが，哲学の営みを緩やかに捉えれば，近代科学の方法ではなくてそれと対立する思索の多くが哲学と呼べる範疇に入るであろう。哲学にも困難なことがある。それにもかかわらず，行く手を拓く道は「哲学スル」精神にかかっている，というのがわれわれの主張である。

　それはいかなる精神であるのか。以下に示すのはわれわれが考える経営学史研究における「哲学の精神」である。

2．「哲学スル」精神としての経営学史研究

　「哲学スル Philosophieren」とは，根源的なるものについて徹底的に考えるというソクラテスの精神を原型としている。そして改めて「経営とは何か」，そして「経営学とはいかなる学か」をわれわれの問いとして問うことから始めよう。

　その問いは，「人間とは何か」を問い，「世界とは何か」を問うことへとわれわれを導く。

　われわれは「哲学スル」精神を次のように定義して進むことにしよう。

　経営学史研究において「哲学スル」とは，以下の5項目に該当するような，精神の活動である。

① 自ら積極的に，徹底的に問い，徹底的に考えること

これが基本である。そして経営学史研究においては，人間に対する問い，そして世界に対する問い，これらは不可避である。それゆえ「哲学スル」精神を人間存在に振り向ければ，

② 人間とは何かを問い，よく生きることに向けて問うこと

という要請に連なる。それはまた世界観に関連してくる。よって，

③ 世界の有りようの本質を問うこと，すなわち世界観の徹底的吟味

ここには「自然とは何か」と問うこと，そして「社会」の諸相に対して問うことが付加されよう。

さらになお，徹底的に問うという，「哲学スル」営みにおける本然の精神に根ざす思惟の自由に関して，

④ 学問に対する学，「学の学」，「思惟」に対する思惟，を積極的に推進すること

⑤ 哲学の精神としての思索を形あるものに育てること

以上である。

経営学史もまた哲学史的性格を持つと同時に，文明としての現われを共有するところで人間の歴史に関わってくることになる。その点で，経営学史は哲学史を背景として背負いつつ，前面に有るべき人間生活の歴史とその時代の驚異と教訓に満ちた文明を描き出すのである。

「学の学」には哲学を産み出す力が蓄えられることが強調されねばならない。哲学がその思想を形あるものにまで現実化するべく，力を振り向けることが可能ならば，そのとき歴史は過ぎ去った過去への思い出から転じて未来へと方向を変えるであろう。経営学の未来を語り得るのは，かくのごとき「哲学スル力」なのである。

Ⅴ．結び

大企業の登場は企業文明の生成に直結し，企業文明は世紀を超えて繁栄を持続している。近代においてこれまでに現れた社会思想あるいは社会哲学は，もちろん国家という権力の所在を抜きには語れなかった。それを企業文

明は軽やかに超え出て行く。国家もまた，大きな組織体として経営学の適用対象の射程に入るとされるのである。権力者国家への気遣いに比して何と大らかなものではないか。だが，そうだとすると経営思想の社会科学的有用性がもっと語られるはずである。しかしこの仕事は質・量ともに実に大変なものであって，われわれに与えられた時空を超えている。今回は国家に関わるテーマに踏み込むゆとりがなかった。われわれは経営学史研究の立場から，経営概念の文明論的拡大を提案した。紙数がなくて単なるお話しに終わっているが，次の研究者へのバトンのつもりである（第Ⅱ節）。

経営学とは何かという最も素朴な問題に対して，経営学研究の多様性を日本の経営学研究において眺めてみた（第Ⅲ節）。そこにはまた学に対する多様性と可能性とが，あたかも小文明のように混在しつつ，活性化して行く未生の世界があると推測されることを知った。この現象から得られる文明の生成に関する'小文明'仮説とも称すべきアイデアが芽生えて魅力的であるが，次の機会に回した。

文明は，自然という世界の本質に働きかけて行く人間社会の営みの蓄積に対して現れる人間的次元での意味に他ならない。地球環境問題の深刻化，全地球社会の市場活動に現れる不健全さとそれがもたらす文化の衝突。そうして結果は大幅で深刻な人間性の衰滅であり，文明の衰亡である。

経営学はこの問題群に立ち向かって行かなければならない。そのときの学問の精神に貢献できればという願いを込めて，そしてまた期待を込めて第Ⅳ節を書いた。

〈文明と経営〉という，これこそ経営学の未来に相応しいカテゴリーではなかろうか，私はそのように確信する。

参考文献
Veblen, T. (1904), *The Theory of Business Enterprise*, Longmans, Green and Co. （小原敬士訳『企業の理論』勁草書房，1965年。）
Weber, Max (1905), *Die Protestantische Ethik und der ＞ Geist ＜ des Kapitalismus*, Tübingen. （大塚久雄訳『プロテスタンティズムの倫理と資本主義の精神』岩波文庫，1989年。）
Whitehead, A. N. (1925), *Science and the Modern World*, The Free Press, Macmillan. （上田泰治・村上至孝訳『科学と近代世界』松籟社，1981年。）
Whitehead, A. N. (1933), *Adventures of the Ideas*, The Free Press, Macmillan. （山本誠作・菱木

政晴訳『観念の冒険』松籟社，1982 年。）
小笠原英司 (2004)，『経営哲学研究』文眞堂。
片岡信之・篠崎恒夫・高橋俊夫編著 (1998)，『新しい時代と経営学（叢書現代経営学 1.)』ミネルヴァ書房。
上林憲雄 (2012)，「経営学が構築してきた経営の世界——社会科学としての経営学とその危機——」経営学史学会編『経営学の思想と方法（経営学史学会年報 第 19 輯)』文眞堂。
小島三郎編著 (1978)，『現代経営学事典』税務経理協会。
司馬遼太郎 (1997)，「司馬遼太郎が語る日本——裸眼で見る『文明と文化』——」『週刊朝日』1997 年 1 月 31 日号。
高島善哉・水田洋・平田清明 (1962)，『社会思想史概論』岩波書店。
高島善哉 (1975)，『マルクスとヴェーバー』紀伊國屋書店。
西田幾多郎 (1948)，「行為的直観」『西田幾多郎全集』第 8 巻，岩波書店。
庭本佳和 (1983)，「近代科学論を超えて」『大阪商業大学論集』第 65 号。
庭本佳和 (2012)，「行為哲学としての経営学の方法」経営学史学会編『経営学の思想と方法（経営学史学会年報第 19 輯)』文眞堂。
三戸公 (1977)，『人間の学としての経営学』産業能率大学出版部。
三戸公 (1994)，「社会科学としての経営学」経営学史学会編『経営学の位相（経営学史学会年報 第 1 輯)』文眞堂。
三戸公 (2011)，『ドラッカー、その思想』文眞堂。
三戸浩・池内秀己・勝部伸夫 (1999)，『企業論（初版)』有斐閣。
村田晴夫 (1984)，『管理の哲学』文眞堂。
村田晴夫 (1990)，『情報とシステムの哲学』文眞堂。
村田晴夫 (1995a)，「バーナード理論と有機体の論理」経営学史学会編『経営学の巨人（経営学史学会年報 第 2 輯)』文眞堂。
村田晴夫 (1995b)，「転機に立つ現代文明——「有機体の論理」へ向けて——」田中裕他『ホワイトヘッドと文明論——プロセス研究シンポジウム——』行路社。
村田晴夫 (2010)，『経営思想研究への討究——学問の新しい形——』文眞堂。
村田晴夫 (2013)，「経営学史における組織と時間——組織の発展と個人の満足——」経営学史学会編『経営学の貢献と反省——二十一世紀を見据えて——（経営学史学会年報 第 20 輯)』文眞堂。
村田晴夫 (2016)，「人間として世界に立つ」谷口照三他編著『自由と愛の精神』大学教育出版。
村田晴夫 (2017)，「文明と経営，その哲学的展望に向けて——経営学における具体性とは何か——」明治大学経営学研究所『経営論集』第 64 巻第 4 号。
藻利重隆 (1973)，『経営学の基礎（新訂版)』森山書店。
山本安次郎 (1982)，「経営存在論」山本安次郎・加藤勝康編著『経営学原論』文眞堂。

4　先端的経営研究分析による学史研究の貢献
——方法論的論究の意義——

丹　沢　安　治

Ⅰ．はじめに

　統一論題趣意文によると，経営学史の視点から学問の正当性，学問の歴史，基本的視座を問うことがテーマとなっている。学史研究の主流は，さまざまな学説をそれを生み出した社会的背景から読み解くアプローチであるが，ここでは，私が2014年の学会において報告した方法論的視点（丹沢2014）から，私が最先端にあると言われる経営研究に抱いている疑問を分析し，このテーマに回答してみたい。

　経営学，特に米国に由来する経営学は，もとより実践的な問題に端を発し，さまざまな視点を融合させる領域であり，そこに支配的なアプローチが存在しているわけではない。ただ，ビジネススクールの教員として，DBA（Doctor of Business Administration）の社会人院生を指導している関係で，先端的な研究のグループとして，たとえば，Financial Times Top 50 Journals Used in Business School Research Rankings（https://library.mcmaster.ca/find/ft-research-rank-journals）に掲載される論文を参照するように指示している。[1]こういったジャーナルに経済される論考は，総じて「先端的経営学研究」と称することはできるだろう。米国流の業績主義に陥っているともいえるが，「無数の匿名のレビュアラーが学問の進化を先導する」という意味で，主義主張による偏りはある程度，避けられているとは言えるだろう。もちろん，自分自身が「偏り」を避けられないことは言うまでもない。私の場合，経営学における「新制度派経済学（New Institutional Economics, 以下NIEとする）に関する最新の英文文献をリファーし，

メンバー間での知識共有を図ることを目的」として「新制度派経済学研究会」なるものを開催してきた。これまでに 195 回開催している[2]。結果的に AMR (Academy of Management Review), AMJ (Academy of Management Journal), SMJ (Strategic Management Journal) を中心として，約 200 本の論文を取り上げ，検討しているが，本稿の論究に NIE を中心とする偏りがあることをお許しいただきたい。

これらの雑誌では，よく知られているように新規性が担保されていなければならない。特に米国では「先端的」と言える研究は，かなり「作法」が固まっており，たとえば，統計的な手法を用いた分析は複数の理論を組合わせて独自の分析枠組みを作り，そこから仮説を導いて検証し，結果的に自分が組合わせて作った分析枠組みが「反証されていないこと」を証明するというパターンを持っている。この種の研究は圧倒的に AMJ と SMJ における主流となっている。少数派ではあるが，質的データを用いた研究も存在する。ここでも複数の理論の組み合わせに従って，質的データから一般的な命題を抽出し，最終的に（1 次データを収集した範囲に妥当する）理論を発見する。AMR などに掲載される理論研究も複数の理論的視点を融合して命題を抽出し，分析枠組みを作っている。ここでは，分析枠組みの新規性を問う形になっている。

新制度派経済学研究会では，いずれも研究論文として「新規性」を追求をしている論考を取り上げてきた。総じて言えることは，そこでは，① 基本的に立場を変えずに新制度派経済学のアプローチを新たな領域に拡大しようとする研究，② 批判を受けて，NIE の枠組みを超え新たな視点との融合を図る研究，③ 他のアプローチを扱う論文に分かれる。①のカテゴリーは，新制度派経済学のアプローチが批判よりも受容者を多く持っていた比較的初期に多い。しかし最近でも，Dorobantu, Kaula and Zelner (2017) のように適用領域を広げ，新たな研究テーマを提供しようとする論考がみられる。②のカテゴリーは，批判を受けて乗り越えようとすることから比較的後期が多い。本報告では，Demsetz (1988) による特に Williamson によって展開された「取引費用の経済学はすべての企業の生産費用が一定であると仮定している」という批判に対する回答として多くの研究者が試みた Pateli and

Lioukas (2011), Kapoor and Lee (2013) などの Resource Based View (以下, RBV とする) との融合と, ③のカテゴリーのように, さらに「エコシステム」に含意されるような根本的に異なるアプローチとの融合を目指す Kapoor and Lee (2013) などの試みを取り上げる。

以下においては, 丹沢 (2014) から方法論的な学説分析の枠組みを再考したのちに, 先端的なジャーナルにおいて掲載された論究の中から, 3つのタイプの論考が, 方法論的視点から見て, どのような論点を持つかを明らかにしたい。

Ⅱ. 方法論的側面からの学説分析の枠組み

丹沢 (2014) においては, Popper, Hempel, Lakatos らの科学哲学的論考に依拠しながら提案された方法論的側面からの学説分析の枠組みによると, 経営学説を含む「科学理論は, それが前提とする認識論上の前提 (ハードコア：形而上学的前提と理論的構想) と, 個々の現象に対する「説明モデル」である防御帯 (protective belt) とから構成される」(Lakatos 1970, p. 135) とされた。

図1 方法論的側面からの学説分析の枠組み

防御帯	ハードコア	
心理仮定 認知仮定 状況仮定	理論的構想 e.g. 限定合理性, 経済人？	形而上学的前提 e.g. 還元主義, 全体認識？
行為		

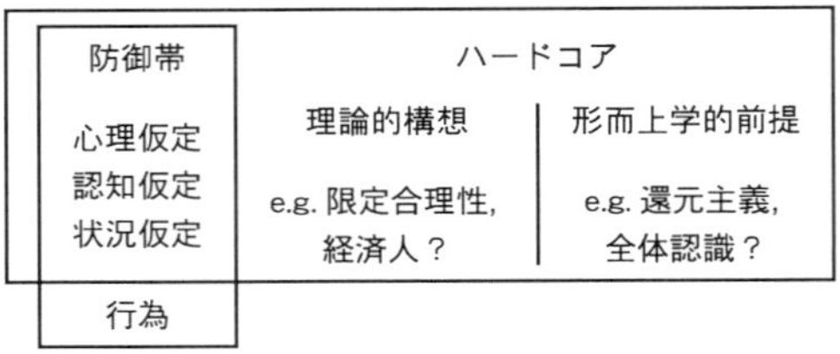

図1において, 還元主義や全体論などの形而上学的前提については経験的に検証されたり, 経験的に反証されたりするものではなく, 科学哲学あるいは認識論のレベルでは相互に批判的に論究されることはあっても, 特に個々の経験科学のレベルでは, 多元論的な世界観が主流となり,「並立している」状態が主流であると言えよう。理論的構想は, たとえば, NIE では「限定合理性, 機会主義, 不確実性など」, 個々の説明の背後にあるが, 当該事

象を理解するために組み立てられる仮定であり，やはり経験的に「テスト」されることはない。それに対して，防御帯における「説明モデル」は，たとえば個々の事業の「アウトソースの決定」など対象となっている状況において事実か否か，テストされる。一般的に理論的構想は，どれだけ多くの説明モデルを生み出せるかによって評価され，説明モデルはどれだけの領域について妥当するかによって評価される。したがって，後者は，Merton (1967) の主張するような限られた時空領域にのみ妥当する「中範囲の理論」であるともいわれる。

III. 先端的経営研究における新規性創出

　丹沢（2014）においてはまた，*AMR* のエディターである Okhuysen and Bonardi (2011) の投稿論文採択にかかわる方針から，新規性評価の基準をも導いていた。*AMR* は，適切なモデルがまだ存在しない現象を説明する新規性のある理論の掲載を目標とするとされ，上記の視点から見ると，防御帯レベルの理論構築を目指していると解釈された。新規性のある理論を構築するためには，経営諸学科の内外から複数の理論的視点：「レンズ」を結合し，当該現象のための理論をカスタマイズするとされた。図1の視点との比較をしてみると，図2の複眼的なレンズは2つの次元から評価される。結合するレンズの「近接性」とは，もともとのコンセプトにおいてそのレンズが対象とする現象間のコンセプトとしての距離（の近さ）であり，丹沢（2014）においては，説明モデルのさまざまな仮定の近さと言い換えることができるだろう。例えば，Make or Buy の意思決定と，株主と経営者との間の委託／受託関係はどちらも契約のガバナンスという事象のカテゴリーに含まれる点で，対象となる現象の「近さ」が見いだされる例と言えよう。それに対して，結合されるレンズの根底に横たわる「レンズの仮定の両立可能性」とは，1つには，結合される理論がどの程度，類似した，あるいは類似していない個々人の意思決定プロセス，あるいは，組織メカニズム，あるいは他の属性に基づいているか，ということである。例えば，説明の対象となっている行動が，「利潤最大化」を目的とすると仮定するか，あるいは，

「競争優位の確立」を目的とすると仮定するかなどはこの領域で論究されることだろう。さらに，還元的なモデル構築を行うか，あるいは言葉では言い表されない要因の作用を措定するかは，形而上学的なレベルでの前提の両立可能性の問題だろう。もし共通の基本仮定を持っているならば，両立可能であるというが，このレベルでの理論的レンズ間の前提が異なっていれば，両立不可能であるとするか，あるいは，どちらを優先するか，人工的な調停が必要だろう。

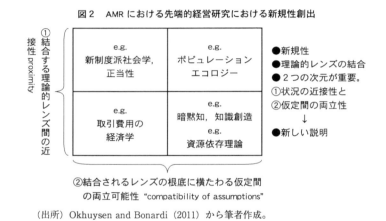

図2　AMRにおける先端的経営研究における新規性創出

（出所）Okhuysen and Bonardi（2011）から筆者作成。

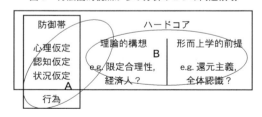

図3　方法論的視点からの分析の2つの問題領域

　以上の検討から，方法論的視点から2つの問題領域を見出せる。図3において，Aは，説明の対象とその周囲の環境の近さ：どのような環境を措定し，何を説明しようとしているかを問題とし，Bは仮定や前提の両立可能性を問題としている。このような視点から考えると，いわゆる「先端的」と言

われる研究にも，もちろん「匿名の査読者による集団的な評価」には尊重すべき点があるとはいえ，経営学史的な視点からは矛盾した前提に基づいて理論やモデルが作られているのではないかと，検討する余地があると言えるのではないだろうか？　次節において，NIE に関係する文献を中心にしてこれを試みてみよう。

Ⅳ. 方法論的検討：新制度派経済学研究会において見いだされた3つのタイプの論文

新制度派経済学研究会において検討した論考には，取引費用の経済学（Transaction Cost Economics，以下 TCE とする），エージェンシー理論，所有権理論などの強調点の違いはあるが，基本的に Coase の衣鉢を継ぎながら，① 立場を変えずに新制度派経済学のアプローチを新たな領域に拡大しようとする研究，② 取引費用の経済学と RBV を結合して複眼的レンズの作成など，説得力のある批判を受けて，枠組みを超え新たな視点との融合を図る研究，そして ③ 全体論的なニュアンスを持つ「エコシステム」といった視点の導入によって，基本的に還元モデルを構築しようとする TCE と場合によっては哲学的に異なる立場を結合しようとする論考が見いだされた。以下，この3つの試みを検討してみよう。

1. 基本的に立場を変えずに NIE を新たな領域に拡大しようとする研究

Dorobantu, S., Kaula, A. and Zelner, B. (2017), "Nonmarket Strategy Research Through The Lens Of New Institutional Economics: An Integrative Review And Future Directions," *Strategic Management Journal*, Vol. 38, pp. 114-140 は，*SMJ* が将来の戦略経営研究を特集したさいの招待論文であり，厳密な意味で，新規性を求められたものではないと思われる。ただ，企業境界の決定に重きを置いてきた NIE の研究の潮流において，ロビーイング，CSR を含む「Nonmarket Strategy：非市場戦略」といった戦略としての制度形成のコンセプトは新鮮であり，新たな潜在力を感じさせる論考であると言える。非市場戦略というテーマそのものは，以前か

ら政治学と戦略経営の中間に位置づけられてきたが，この論文では制度的な視点を持ち込むことによって戦略経営の枠内でこれまで扱われていた諸問題を整理したと言えるだろう。すなわち，取引費用を引き起こす制度的不備を出発点とし，その制度的環境に対して，(1)既存の制度的構造に適応する，(2)補足的なローカルな制度構造を確立して補完する，(3)制度的コンテクスト自身を変形するという3つの戦略的意図を措定する。次に，これらを2つのガバナンスモード：(1)単独で行動(2)協調して行動に識別する。結果的に，6つの非市場的戦略，(1)内部化，(2)パートナーシップ，(3)プロアクティブ，(4)コレクティブ，(5)インフルエンス，(6)結託があげられる。

表1　6つの非市場戦略

ガバナンス		戦略的意図		
		適応的	補足的	変形
	単独	内部化戦略	プロアクティブ戦略	インフルエンス戦略
	協調	パートナーシップ戦略	集団戦略	結託（coalition）

（出所）Dorobantu et al. (2017), p. 118.

　これらの戦略においては，限定合理性，機会主義，不確実性などのNIEに特徴的な仮定は維持されている。しかし，適用される領域は，業界標準，CSR，ロビーイングなど，制度的な不備が存在し，取引費用が発生するすべての領域に拡大されている。その意味で，防御帯のレベルの状況仮定を拡大・変更するが，ハードコアの領域での変更は存在しない。

　特に，新興国経済においては，流通チャネルや物流ネットワーク，効率的な司法制度，規制の公正な運用，成熟した金融市場，労働市場などこういった市場インフラが整備されていない。その中で，制度的環境の不備のために進出企業にとって大きな取引費用を引き起こす（カナ&パレプ 2012, 20頁）という環境においては，これまでの「取引費用・生産費用の削減による環境への適応」に重点を置いていたNIEのアプローチに対して，「環境の積極的な形成による取引費用・生産費用の削減」を射程に入れる提案は新鮮であると言えるだろう。

2．批判を受けて，枠組みを超え新たな視点との融合を図る研究

　取引費用の概念に対してはさまざまな批判があったが，特に大きな影響を引き起こしたのは，「TCEは，すべての企業の「生産費用」が一定であると考えている」（Demsetz 1988）というものだろう。取引費用が企業境界の決定を説明するための唯一の決定要因ではないという批判に対しては，すべての理論について当てはまることであるが，競争上の費用構造の相違をもたらすリソースの相違の存在に常に注意を払う戦略経営の領域では，大きなインパクトのある指摘だった。その後，多くの論考が，取引費用の経済学と費用構造の相違をもたらす企業内のリソースに注目するRBVとの統合による複眼的レンズの作成を試みるようになった。しかし，この結合に何か，方法論上の齟齬は存在しなかったのだろうか？

(1) Chen, Homin and Chen, Tain-Jy (2003), "Governance Structures in Strategic Alliances: Transaction Cost versus Resource-Based Perspective," *Journal of World Business*, Vol. 38, No. 1 (February), pp. 1-14

　本論考においては，取引を特殊な資産への投資を伴うか否かのみならず，RBVで検討される特徴を持つ資源の交換ととらえている。資源を交換するとき，パートナーはある経営資源を提供する見返りに相手から別の経営資源を得るときを交換提携と呼び，両社が同じ目的のために双方の経営資源を蓄積するとき，統合提携と呼ぶ。Make or Buyの取引の分析には，TCEの枠組みが用いられるが，戦略提携と呼ばれる中間組織的な交換形態についてはRBVが適切な説明を与えるとされる。模倣困難性，代替困難性など経営資源の属性など，補完的関係を詳しく述べるためにRBVが使われる。そして経営資源の特徴が提携の構造を決定する。たとえば，生産委託契約では，一方は生産能力を提供し，他方は，設計・製品技術を提供する。これが交換提携である。それにたいして，シナジーを目的として提携によって，パートナーの持つ資源を内部化する場合，例えば共同研究開発など，を統合提携という。

(2) Tan, Danchi and Mahoney, J. T. (2006), "Why a Multinational Firm Chooses Expatriates: Integrating Resource-Based, Agency and

Transaction Costs Perspectives," *Journal of Management Studies*, Vol. 43, No. 3 (May), pp. 457-484

　TCE と RBV を使って，管理者を派遣するか，現地で確保するかという，多国籍企業の管理者という資源の配備を考える。資源としての駐在員は，本部並びに個々の子会社の役割と会社方針を理解しているが，現地従業員は，ローカルな知識を持つという特徴を持つ。駐在員と現地従業員の能力の違いが，2つの経営資源の異なる経営課題に対して異なる効率性を提供する。

　本論考は，対象となっている現象の性質によってどの理論を使ったらよいかが，異なるという含意を持っている。RBV 的特徴を持つ資源は環境との費用的な差異を引き起こす資源に言い換えられ，説明すべき状況によって TCE か RBV のどちらかを利用すればよいという含意が導かれる。しかし，競争優位をもたらすための資源の取り扱いといった RBV 的な展開は見られない。

(3) Gulbrandsen, Boge, Sandvik, Kare and Haugland, Sven A. (2009), "Antecedents of Vertical Integration: Transaction Cost Economics and Resource-based Explanations," *Journal of Purchasing & Supply Management*, Vol. 15, No. 2 (June), pp. 89-102

　本論考もやはり交換されるされる資源の特性を詳細に分析することにより，RBV の視点を取り入れていると主張する。すなわち，特殊な資産への投資が行われる資源の交換の際には，（通常の TCE の論理が生かされ）統合が進められ，それに対して暗黙知の要素を持つ資源を交換する際には，垂直統合よりも市場取引が行われると予測する。どちらも交換のガバナンスは効率性を目的としてデザインされるとされ，基本的に TCE の枠組みに準じていると言える。ただ，暗黙知を伴う資源というコンセプトが導入されるならば，暗黙知の概念に，還元モデルへの異論がある場合を考慮すべきだろう。暗黙知が「意識されない何か」なら，そしてこれを交換するなら，内部で育てられないから市場的に入手することになる。

　交換される財・サービスが，基本的に Make or Buy の枠組みで分析され，その際に財・サービスの資源としての特質が RBV で含意される特性を持ち，その際ガバナンスの構造を決定するというのが一般的にこれらの論考

において共通している構造であると言える。その限りにおいて，RBV はその主張の一部を TCE の論理に合うように作り替えられていると言える。ただ，RBV の主張の中には，① 目的が「持続的競争優位の獲得」であって最も効率的な（あるいは利潤最大化をもたらす）ガバナンス選択ではないこと，② 資源には暗黙知を伴うという含意も忘れてはならない。どちらも理論的構想のレベルでのこととなるが，前者については，必ずしも TCE と同じ説明をもたらさない可能性も示唆するし，後者についてはそもそも両立可能性も疑わせる事項であると言わねばならないだろう。

3．形而上学的前提のレベルで異なる立場を結合しようとする論文

企業間分業あるいは企業間関係という TCE にとって伝統的な分析視点もエコシステムという有機体論的な伝統を持つコンセプトとの融合を図られている。TCE はもとより，「企業はなぜ存在するのか」を説明する企業の境界決定の理論であった（Coase 1937；Williamson 1975；1985）。すなわち垂直的な価値創出過程のどの部分を企業として内部に取り込むかを説明する理論であったと言える。近年，これに関連してイノベーションの創出に伴う価値創出過程について，必ずしもサプライヤーとして関係しない存在を「エコシステムの構成員」として企業間分業・企業間関係に取り込む論考が現れている。

エコシステムとは，新しい市場や事業を創造していく過程で，直接取引のない企業，業界との調整，協同を考慮した企業間分業の形態であり（武石 2009），Adner and Kapoor（2010），は，図 4 のように表現している。

TCE 的には，伝統的なサプライヤーと当該企業，そして消費者を結ぶ垂

図4　エコシステムのスキーム

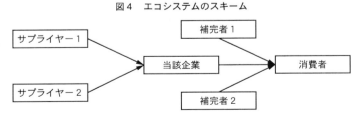

（出所）Adner and Kapoor (2010), p. 309.

直的価値創出過程と当該企業と「直接取引のない企業，業界」である補完者の存在を「どのように組織化するか」という問題として扱われる。3本の論考を検討してみよう。

(1) Adner, R. and Kapoor, R. (2010), "Value Creation in Innovation Ecosystems: How the Structure of Technological Interdependence Affects Firm Performance in New Technology Generations," *Strategic Management Journal*, Vol. 31, pp. 306-333

サプライヤーから消費者に至る垂直的な価値創出過程では，特にイノベーションを引き起こす企業行動を念頭に置く場合には，直接的な取引関係にない外部イノベーターや外部機関の存在が重要である。たとえば，巨大な航空機の開発には補完者としての空港におけるイノベーションが必要である。これを外部イノベーターとの相互依存関係という。すなわち，当該企業がより多くの価値を生み出すためには，外部イノベーターの活用が必要であり，この外部イノベータをどう組織化するかが問題であり，Make or Buy の枠組みに取引関係のない外部イノベーターを組み込んだことがエコシステムとして表現されることになる。

エコシステムをうまく組織化すれば，そのエコシステム全体で創出される価値は大きくなり，競合のエコシステムにたいして競争優位を実現できる。したがって，ここには，2つの問題がある。一つは，当該企業と補完者のイノベーションの相互依存関係であり，言い換えると重要な相互依存関係にある補完者を発見することである。二つ目は，相互依存性を管理する手段としての「どのように組織化するか」の問題である。ここに企業間関係の問題としてTCEとの接点がある。

(2) Hazlett, T., Teece, D. and Waverman, L. (2011), "Walled Garden Rivalry: The Creation of Mobile Network Ecosystems," *George Mason University Law and Economic Research Paper Series 11*, p. 50

本論考では，オープンイノベーション，プラットフォームビジネスの登場を説明の対象に加えるために，モバイル市場の展開を例として分析する道具立てとして，TCE 的にとらえた垂直的価値創出過程を，補完者を含むエコ

システムへ拡大しているところに特徴がある。そうすることで，エコシステム全体が生み出す価値の最大化を論じ，エコシステムの効率性と他のエコシステムとの競争を分析する道具立てとしている。エコシステム間の競争はプラットフォーム間の競争でもあり，たとえば，新興国においては，国別の進出企業の競争としても使える。

重要な補完者として，もとよりデジタル産業において生まれた問題意識であり，「共通の標準」は競争優位を決定する重要な要因であるため，補完者として標準の決定者が考えられる。この含意として，エコシステムの居住者は，協働して進化すると考えられるが，意思決定者は適応を試みる「個体」であり，「全体の意思」を措定してはいない。本論考では，この意味で，生物学の「生態学：ecology」とのアナロジーは限定的である。

(3) Kapoor, R. and Lee, J. M. (2013), "Coordinating and competing in ecosystems: How organizational forms shape new technology investment," *Strategic Management Journal*, Vol. 34, pp. 274-296

他の論考と同じく，イノベーションを発生させるエコシステムにおいて，エコシステムの構成員である「補完者」との関係をどうデザインすればよいか，「あるいは，補完者をどう組織化するか」を問題としている。価値創出過程の構成者として補完者を考慮することは，説明対象の拡大，あるいは，説明モデルのレベルでの仮定の拡大といえるだろう。

その結果，TCE では，利潤の獲得を，企業単体の取引費用と管理コストで説明しようとしていたが，当該企業の目的は，所属する環境すなわちエコシステム全体が創出価値を最大化して，その中で取り分として利益を最大化するにはどうしたらよいかという論理の組み立てに代わる。この点は，他のエコシステムとの競争を水平的な競争とすると，いわゆる垂直的な競争（あるいはコンフリクト）と呼ばれる問題であり，TCE 的に言えば，価値の専有（appropriation）の問題であると言えよう。

さらに，当該企業のパフォーマンスの決定要因を「個体の行動」のみならず生態系＝環境にもおいている点で，他の論考に比べてより「生態学的」色彩を持っている点が指摘される。形而上学的前提として還元主義，方法論的個人主義を掲げる TCE との結合を果たすためには，形而上学的前提レベ

ルでの調停が必要であろう。

　以上の検討から，方法論的な視点からの分析としては，① 価値創出過程への補完者という構成要素の導入として，説明モデルのレベルでの拡大が見られること，② 拡大された状況であるエコシステムが生み出す価値の大きさを基準とする競争優位が目標になるという理論的構想レベルでの変更が見られること，そして ③ 中には，生態系そのものが創出価値の大きさを決定すると言った展開もみられるという3点が指摘されよう。

V．結論

　RBV については，説明モデルの仮定をより豊かにするという意味では，TCE の Make or Buy の枠組みに言い換えられていると言える。しかし，理論的な構想のレベルで，競争優位の獲得を目的とする RBV と最も効率的な契約形態が採用されるという TCE には，満足化原理と利潤極大化原理との間のような大きな違いがあることを忘れるべきでないし，この結合のさいには，その点の調整が必要だろう。また，暗黙知を伴う資源を組み込むならば，さらに形而上学的なレベルでの調停が必要であろう。

　TCE にとって伝統的な企業間関係の問題に補完者を含むエコシステムのコンセプトを導入する試みは，TCE の提供する説明をより豊かにし，新たな展望を切り開いていると言える。しかし，エコシステムというコンセプトの源流にある生態学には，有機体論的世界観があり，方法論的個人主義と方法論的集団主義の調停のみならず，例えば，Popper が試みたような有機体論的な「まるごととしての全体」観と「特定の側面の全体」観との調停が必要だろう[3]。

　こういった方法論的な視点からのいわゆる先端的な経営研究には他にも存在する。例えば，新制度派経済学によって触発された経営研究と新制度派社会学によって触発された研究とは，特に我が国において必要以上に対立的な状況にあると思われる。また，いくつかの文献において，NIE の限定合理性の仮定を認知心理学に起源を持つ「ヒューリスティクス」と結合する論考もみられる。今後の残された課題としたい。経営学の未来が匿名の査読者

たちの集団的な意思によってはっきりと方向を示さずに導かれるとするならば，方法論的な側面からの学史研究によってその方向性を明らかにするという課題に貢献できるだろう。

注
1) 表1 Financial Times Top 50 Journals Used in Business School Research Rankings (https://library.mcmaster.ca/find/ft-research-rank-journals) より作成。

	ジャーナル名	領域	発行者
1	Academy of Management Journal	Management	Academy of Management
2	Academy of Management Review	Management	Academy of Management
5	Administrative Science Quarterly	Management	Cornell University
6	American Economic Review	Economics	American Economic Association
10	Harvard Business Review	Management	Harvard Business School Publishing
50	Strategic Management Journal	Management	Wiley

2) 研究会履歴は：下記サイトにリスト化されている。
https://sites.google.com/site/tomokazukubochuo/home/others/nie
1999年10月から開催記録が残っている。現在も継続しているが，私が世話人をしたのは，2016年10月までで，現在は，世話人については若手研究者に世代交替している。
3) Popper, K. R.／久野収・市井三郎訳 (1957)『歴史主義の貧困——社会科学の方法と実践——』中央公論社，1961年，120頁。ここで彼は，部分の総和以上の存在である「全体」と特定の側面から見た構造物としての全体を識別している。

参考文献（本文中に書誌情報が記載されている文献は省略した）
Demsetz, H. (1988), "The Theory of the Firm: Revisited," *Journal of Law, Economics, and Organization*, Vol. 4, Issue 1, pp. 141-161.
Lakatos, I. (1970), "Falsification and the Methodology of Scientific Research Programs," in Lakatos, I. and Musgrave, A., eds., *Criticism and the Growth of Knowledge*, 1., Cambridge University Press.
Popper, K. R. (1957), *The Poverty of Historicism*, Routledge & Kegan Paul.（久野収・市井三郎訳『歴史主義の貧困——社会科学の方法と実践——』中央公論社，1961年。）
Merton, R. K. (1967), "On Sociological Theories of the Middle Range," *On Theoretical Sociology: Five Essays, Old and New*, The Free Press.（森東吾他訳『社会理論と機能分析』青木書店，1969年。）
Okhuysen, G. and Bonardi, J. P. (2011), "Editors' Comments: The Challenges of Building Theory by Combining Lenses," *Academy of Management Review*, Vol. 36, No. 1, pp. 6-11.
丹沢安治 (2014),「経営学における新制度派経済学の展開とその方法論的含意」経営学史学会編『経営学の再生（経営学史学会年報 第21輯）』文眞堂, 65-78頁。

5 杉田博「経営学史と解釈学」およびシンポジウムに寄せて

藤 井 一 弘

　経営学史学会第26回全国大会の統一論題は「経営学の未来──経営学史研究の現代的意義を問う──」であった。このテーマを基調報告者である上林憲雄（2018）は，「経営学に未来はあるか？──経営学史研究の果たす役割──」と疑問形に読み替えて当該報告を用意し，統一論題報告者である杉田博（2018）は，「経営学史と解釈学」と題された報告で，学会からの問いかけに応答しようとした。基調報告者と杉田を含めた3名の統一論題報告者，これに各統一論題報告者それぞれに対する討論者3名を加えて，シンポジウムが開催された。

　杉田報告に対する討論者であった筆者は，その立場によりこれらの企画の末席を汚し，その経緯から，この断簡を書き付けるよう所望されたわけではあるが，一体，何をどのように述べれば，年報編集委員会からの依頼に対して，それなりの責を果たしたことになるのか，途方に暮れる，と言うのが正直なところである。とは言いながら，ともかくも筆を進めねばなるまい。

　杉田報告では，「経営学史研究の現代的意義」を問うにあたって，その表題にあるように「解釈学」が重視される（杉田 2018, 12頁）。それは，解釈学が近代科学の主要な方法である「要素還元論」とも，その対極である「全体論」とも異なり，「全体から部分へ」，「部分から全体へ」の双方向での「解釈学的循環」を通じて，「部分と全体の有機的関係」を語ろうとするからである[1]。

　杉田は三戸（2002）に依拠して，要素還元的で合目的性を重視する機能主義の学としての「主流の経営学」と〈人間－組織－社会〉における部分と全体との生ける有機的関係を問う「本流の経営学」という2つの流れで経営学

の発展をとらえ，後者に解釈学——単なる理解の技法ではなく，人間存在の意味とその歴史性を問う哲学としてのそれ——の影響を指摘したうえで，「主流の経営学」では，経営の実態を豊かに語り，来るべき未来を的確に見通すような理論や学説が出てこない，と論じる。この議論にそって，「経営学の未来」——大会の統一論題でもある——は「『本流』の経営学史研究を解釈学的に再構成することで拓かれる」（杉田2018, 18頁）と主張するのである。

さて，この主張を検討する前に，いささか言葉尻をとらえるようではある——学会の場でも述べた——が，この「主流」と「本流」という言葉遣いに対して申しておきたい。経営学史学会では，この言葉は，比較的使用頻度が高いようであるが，主流に対峙するのが本流，というのは，いささか不自然ではないか。主流に対峙するのは「傍流」，政治の世界では「反主流」，ないしは主流を「多数派」と読み替えれば「少数派」であり，本流に対峙するのは「支流」なのではないか。もっとも，どこかの政党では「総裁派閥」に対して「保守本流」を称する派閥もあるようではある——現時点では当該派閥は「反主流」ではないが——。このように「主流の経営学」，「本流の経営学」という類型化は，言葉の使い方としても自然ではなく，そのように分けることから何らかの新しい知見が得られるとは筆者には考えられない。もっとも，経営学の源流をテイラーに求める三戸（2002）にすれば，その衣鉢を継ぐ経営学が「本流」であるにもかかわらず，そこから枝分かれした，いわゆる「実証的経営学」が多数を占めている以上，「支流」とは言いがたく「主流」という言葉を充てた，ということなのだろう。それにしても，「多数派・少数派」で構わないのではないか。「多数派」が常に正当（正統）とは限らず，「少数派」が常に不当（異端）とも限らない。「異端」が正当な場合すらある。

閑話休題，「『本流』の経営学史研究を解釈学的に再構成すること」で経営学の未来を拓く，という杉田の主張を検討しよう。重箱の隅をつつくことになるが，ここでは，「『本流の経営学』を解釈学的に再構成する」とはなっていない。「本流」の経営学の例として，彼が報告で取り上げているのは，主にフォレットとバーナードである。それらが，「解釈学的」であることについては，少なくとも筆者は肯定する。それらの「先行了解」[2]に更に検討を

加え，すなわち「解釈学的循環」を施し，「歴史的背景と現在の状況」とそれらの経営学の有機的関係を問い続けること，それ自体の意義については，これも筆者は肯定する。ところが，文言上，杉田の主張は，本流の経営学史研究を解釈学的に再構成すること，となっている。字面のうえから想像するに，それは，本流の経営学に解釈学的循環を施した研究——これが経営学の史的研究であろう——にメタな解釈学的循環を施す，というものになる。この意義についても私は肯定する。しかし，それが大会の統一論題にある「経営学の未来」と平仄が合っているかは，また，別の問題である。すなわち，優れた——多くを説得できるというほどの意味で——「先行了解」に基づいて「解釈学的な再構成」がどれほど見事になされているかという程度についてはさまざまであろうが，現に，経営学史学会でなされていることを，杉田の主張は確認しているにすぎない，とも言えるからである。

　これに対して，大会統一論題趣意文や上林（2018）の主張は性格を異にする。そこでは，「実証研究」の隆盛に対して「学史研究」が先細りしつつあることに経営学史学会が焦燥感を抱いている，という推測がなされている（上林 2018, 6-7 頁）。彼は，「軽薄な仮説 - 検証型研究」の意味を研究者が深く考察しない場合は，「学問の精神」を危機に晒す似非研究へと堕すとまで述べ，そこに「領域分断化志向」，「研究の『見える化』の進展」，「短期化志向」という研究姿勢を見出す（上林 2018, 7-8 頁）。そして，そのような姿勢の背後に「『グローバル市場主義』の深化・浸透」があると論じる（上林 2018, 8 頁）。そこで，「基点を現代に置き，…現代を冷徹に見つめ，過去の学説が予測しえなかった現代的状況は何であり，何ゆえ予測しえなかったかの反省ないし省察」が求められることになる（上林 2018, 3 頁）。

　やや乱暴にまとめると，上林の議論は，グローバル市場主義の徹底的な分析の成果に基づいて，今日的な経営学を樹立し，もって経営学の未来を拓く，というものであろう。加うるに，「学問の精神」を危機に晒す似非研究の跋扈の背後にグローバル市場主義がある，という彼の議論に鑑みれば，それは当該主義の徹底的な批判を伴うことが必須となるだろう。

　しかし，残念ながら，「基調報告」にそこまでの覚悟は見られない。結論部分でなされる提案は「軽薄ではない実証研究をきっちり見極め，その結果

を取り込んで，『イイコトをうまく行う』という経営学研究の基軸に立ち返り，新たな経営学の構築を志向していくこと」(上林 2018, 10 頁)である。

manage の語義としては，学習用の英和辞典にでも「扱いにくい人・物・事をうまく取り扱う」と出ているのだが，上林の言う「経営学研究の基軸」にある「イイ」というのは，「扱いにくい」より遙かに問題含みである。それを明らかにするためには，それこそ，徹底的な過去と現在——当然，過去から派生し，複雑化している多様な対立を含む——の分析(杉田の文脈では解釈学的循環)が必須であろうし，と同時に，各人の思う「イイコト」を生み出している各人の「先行了解」が問われねばならない。ここで行われることは，結局は，徹底的な史的研究である。その際には「未来志向」は，むしろ邪魔である。それは，しばしば，過去に派生する厄介な現状に蓋をするための単なる美辞麗句にすぎない——「未来志向の外交」が，しばしば，頓挫するように——。

結局，これまで行ってきたことが徹底的でなかったとすれば，徹底化するしかないし，それが通用しないとなれば，消えゆくしか他にない。

注
1) この過程で，歴史的・社会的文脈の中に埋め込まれた人間の行為と，その人間の行為によって形成されていく新たな歴史的・社会的文脈の循環，さらにその繰り返しが明らかにされる，ということと考えられる。「経営活動」も人間の行為の一類型であるのだから，それを考えるにあたって，「解釈学」が有力な方法となるというのが，おそらくは杉田の立論の基軸となっているのだろう。
2) 杉田 (2018) の 13 頁には，大要，解釈の枠組み，とある。
3) これまで，バーナードの学説に幾か，ふれてきた筆者ではあるが，日本に限ってもバーナードの経営学を取り上げた研究が数多あることは明らかである。それらの「先行了解」のありよう，広狭・精粗の程度はさまざまであるが，自らの「先行了解」に基づいて，それらの研究の「先行了解」を比較検討して，多数の研究を解釈学的に再構成するというのが，ここで筆者が思い描くイメージである。バーナードの経営学の例で，もう少し敷衍しておこう。磯村 (2011) の第二節「日本におけるバーナード理論の受容と発展」では，馬場敬治，山本安次郎，飯野春樹，土屋守章，加藤勝康，三戸公，北野利信，占部都美，川端久夫，鈴木幸毅，村田晴夫，吉田民人，庭本佳和，といった研究者たちが，自らの「先行了解」に基づいてバーナードの経営学をどのように再構成したかがコンパクトにまとめられている。杉田の主張についての私の解釈は，これらの諸研究を個別に研究するのではなく，それらの諸研究を総合的かつ更に精緻に研究する——解釈学的循環を施す——ことが，経営学の未来を拓くことになる，というものであろう。

参考文献

磯村和人（2011），「バーナード理論の研究動向」経営学史学会監修／藤井一弘編著『バーナード（経営学史叢書Ⅵ）』文眞堂。

上林憲雄（2018），「経営学に未来はあるか？――経営学史研究の果たす役割――」『経営学史学会第26回全国大会予稿集』経営学史学会。

杉田博（2018），「経営学史と解釈学」『経営学史学会第26回全国大会予稿集』経営学史学会。

三戸公（2002），『管理とは何か――テイラー，フォレット，バーナード，ドラッカーを超えて――』文眞堂。

6 村田晴夫「文明と経営——経営学史研究と経営学の未来——」に対するコメント

三戸　浩

I．はじめに

　村田報告は，「経営学の未来——経営学史研究の現代的意義を問う——」という統一論題に対して，「文明と経営——経営学史と経営学の未来——」というはるかに大きなスケールで答えを返している。経営を哲学の観点から問い続けてきた村田晴夫教授ならではの報告であった。

　村田報告は，統一論題が"経営学の「未来」"を探ろうとするものであることから，その「未来」を「文明」という視点から論じている。「文明」という経営学ではごく希にしか用いられない視点から，我々に何を教え，何を与えようとしたであろうか。

　本報告は，村田教授が本テーマで論じようとした議論全5章構成の中の第1，2章だけであり，以下の目次で示される壮大な議論「現代社会と経営学を問う」における「問題の意義」が語られた。

　第1章　文明と経営
　第2章　経営学史，その研究と意義
　第3章　経営学史という哲学～哲学の場から経営学の場へ～
　第4章　文明と経営の諸問題～20世紀の企業文明の考察～
　第5章　二一世紀の企業文明の考察～「経営学の未来」に向けて～
　　　　　日本経営学の論理と方法

II. 村田報告の概要

　まず最初に，経営学の現状－経営学史の意義－経営学史学会の意義，という流れで議論を展開している。

(ⅰ) まず，経営学史研究の最重要課題は「経営学の意味を問うこと」であり，

(ⅱ) 現代の経営学には「学として守ってゆくべき強い志，学の正当性」から離れつつあるという憂いを伴った経営学の現状認識を述べた。企業の現場での現実的な対応における大きな筋の支えになる「歴史的かつ文明的意味をもたらす哲学的文脈での語りがない！」ことこそ問題である，とする。

(ⅲ) 経営学史学会がこの「憂い」の下で議論する限り，経営学はその正当性・意味を失わない，という経営学史学会の意義（役割）を述べる。そして，経営学史研究（の意義）は，それ自体独立し，かつ他に対して豊かな貢献が（期待）できるものであり，学問研究の本道である根源なるものへの問いを問うて，経営学の未来に貢献（が期待）できるものであり，そして

(1) 「企業文明の展開の歴史」を表・現している

(2) 「学の学」哲学の領域にある（基本的主題は「経営学とは何か」を問うこと）

(3) 哲学と歴史との綜合において「経営の本質」と「企業文明の有りよう」に関する「新しい学問の視野を拓く」

と，経営学史研究と経営学史学会に対して大きな可能性と期待を述べている。

　本論に入って，経営学の未来を文明の視点から解き明かそうとし，以下の様に論を展開する。

(ⅰ) 〈国家と経済〉から〈文明と経営〉へ──学史的直観モデル

　　経営学を経済学と対比させ，経済学と経営学での「国家の位置づけ」が主客正反対であり，経営学は「企業が国家を手段として利用する」，

そして，企業は，個人の生活様式を労働生活から消費生活までの一切に亘ってリード・支配していると捉え，この領域を「文明という概念でとらえてゆく」と言う。

(ii) 経営学史的直観と解釈——方法論的かつ内容的転換，そしてその挫折

アメリカ経営学の歴史を以下の様に把握する。テイラー科学的管理法，フォレット創造的経験，バーナード有機体システムを本流ととらえる。この流れは，〈国家と経済〉から〈文明と経営〉への方法論的かつ内容的転換の試みであったが，第二次大戦によって挫折した。第二次大戦後，「新しい科学技術の時代（原子力，情報科学，生命科学，宇宙科学）」が到来し，有機体論はシステム論で生き残る。そして，二つの変換が起こる，すなわち，「内容的転換」，国家意識から文明の意識への転換と，「方法論的転換」，水平同型性から垂直同型性への転換である。

(iii) 企業文明（20世紀文明）

Veblenの企業観（近代文明＝産業システムと企業），「組織社会説」，三戸公の「組織中心社会」を取り上げ，文明と組織とは同型，諸活動全てを組織体が担っている，と論じる。

(iv) 企業文明に内包される根本問題

ここでは，上で述べた企業文明における二つの問題を提起する。

問題1：企業の「営利性」と「社会性」の根源的関係・整合性

問題2：「個の自由」と「全体の制約」との調和（「個人と組織」「組織・企業と社会」）

(v) 以上の様に論じたうえで，21世紀の企業のあり方は，人間と自然の存在・尊厳に立ったものでなければ企業そのものが人間と自然と共に消滅するのであろう。「人為的・人間の努力により文明を達成する」という最広義の経営観を提示する。

Ⅲ．「結び——「経営学の未来」に向けて」で我々に何が語られているのか？

○ 村田報告は，「哲学」「文明」「有機体論」「企業像——人間，企業，自

然」というキーワード，キーコンセプトのもとに語られる，壮大な議論であったが，次の3点にまとめられようか。

まず，〈文明と経営〉という「経営学の未来」に相応しいカテゴリーから，以下の問題提起を行った。

- 企業文明の批判…人間・社会・自然の観点から
- 対象認識のありかた…「垂直同型性」，「有機体論」
- 批判的課題…「人間性の問題」，「企業文明の頽落の問題」，「自然とは何かという問題」➡「精神のない（魂なき）専門人」，「"自然"の理解」

そして，「日本の経営学研究の多様性（と可能性）」と題して，日本経営学の論理と方法について，西田哲学「行為的直観の論理」，マルクス・ヘーゲル「弁証法論理」，ホワイトヘッド「有機体の哲学」を提示した。3点目として，〈文明〉と〈文化〉という「視座」を提示した。

文明…生活様式
文化…生活様式の身体的・物質的現れを精神の内部から誘導する価値理念

○ 「文明と文化」「経営と哲学」などからもわかるように，本報告のスケールは大きい。なおかつ，全5章の構想の中での最初の2章の話だけでは十分な理解，納得ができたとは残念ながら言うことはできない。本報告において，疑問に思った点，語るべきではなかったか，と思われるものを列挙しておきたい。

① 「哲学とは何か？」が説明されていない
② ホワイトヘッド「文明5段階説」が難しい。また，「善」がなくて良いのか？
③ 取り上げられている学説に偏りがある。

「有機体説」と合致しない学説は不要か？ドラッカーやバーリ，CSR論・戦略論等も「企業文明に内包される根本問題「企業の〈営利性〉と〈社会性〉の根源的関係・整合性」や「個の自由」と「全体の制約」との調和（「個人と組織」「組織・企業と社会」）の解明に有用ではないか？

④ 論じている「文明」の範囲が20世紀に限定されており,「近代」「資本主義」「市場」などへの言及がない
⑤ 経営学の対象が,ほとんど「企業」になっているが,バーナード以降の対象は「組織」一般に拡大しているのではないのか？

○ 報告内容に対して時間も限られていたことから,我々は十分に理解もできなかったし,また当日の質問に対する回答も納得できたとは言い難かった。だが,統一論題に相応しい報告であり,本報告の続き,完成版をぜひ聞かせていただきたいと心から思わせるものであった。最後に,(必ずしも首肯できるものばかりではないが)村田報告から教えられたことを整理し,経営学史学会,経営学史研究に携わる者の課題として列挙し確認しておきたい。
・経営学史とは何か,
・経営学史の役割・意義,経営学の"これからの有り方",
・経営学への期待と危機感,
・経営学史学会,経営学(史)を研究するもの＝我々への期待と警告(魂なき専門人化)

7 新制度派経済学の未来
―― 丹沢報告の討論者の視点から ――

高 橋 公 夫

　丹沢報告「先端的経営研究への学史研究の貢献――方法論的論究の意義――」は，統一論題「経営学の未来――経営学史研究の現代的意義を問う――」を新制度派経済学の見地から忠実に答えようとしたものである。つまり「経営学の未来」を予測させるような新制度派経済学における「先端的経営研究」を取り上げ，その学史的考察からする意義を方法論的論究に基づいて明らかにしようとしている。結論的にいえば，新制度派経済学の未来は①立場を変えずに新領域を開拓する，②新たな理論構想を提案する，③形而上学的前提の調停を必要とする超越的挑戦をする，という3つの方法論的行方からなる。注目すべきは第3の未来であるが，ここに報告者との見解の違いが明らかとなった。つまり，要素還元主義を超えた有機体論的観点の導入を示唆するような「エコシステム」に対するスタンスの違いであった。討論者は要素還元主義を補う形で全体論的観点の必要性を認め，新制度派経済学の「脱皮」が求められると考えたのに対し，報告者はあくまでも要素還元主義への「読み替え」が可能であると主張された。

　したがってまず，1.本報告がいかに統一論題に答えるものであるかを明らかにし，新制度派経済学の方法論的行方を検討する。また，2.新たな背景のもとでの新制度派経済学の学史的意義を検討する。

Ⅰ．統一論題に照らしてみた丹沢報告の意義

　報告論題にある「先端的経営研究」とは，ビジネススクールで利用されることの多い有力な雑誌に掲載された論文を指している。これらの雑誌は掲載

するにあたって「無数の匿名のレビュアラーが学問の進化を先導する」とされている。つまり，これらの論文が経営学の未来を切り開くと考えられているわけである。しかしながら，これでは「経営学の未来が匿名の査読者たちの集団的な意思によってはっきりと方向を示されずに導かれる」ことになる。それに対し，丹沢報告では「方法論的な側面からの学史研究によってその方向性を明らかにする」。つまり「経営学の未来」に対して，方法論的な経営学史研究が明確な方向性を指し示すことができるという。

　丹沢報告では，提示された図1の「方法論的側面からの学説分析の枠組み」に従って分析を進めている。これによると，科学理論にはその根底に還元主義か全体論かといった「形而上学的前提」があり，それに基づいてたとえば取引コスト論とか資源ベース論などといった「理論的構想」があり，そうした「ハードコア」に対して個々の現実の行為を説明する「防御帯」と呼ばれる経験的にテストされうる説明モデルがあるとする。こうした方法論から近年の先端的研究を検討すると，① 立場を変えずに新制度派経済学のアプローチを新たな領域に拡大しようとする研究，② 取引費用の経済学（TCE）と資源ベースの理論（RBV）による複眼的レンズの作成など枠組みを超えて新たな視点との融合を図る研究，そして ③ 全体論的なニュアンスを持つ「エコシステム」といった視点の導入によって，還元モデルを構築しようとする取引コスト経済学とは哲学的に異なる立場を結合しようとする論考が見出された。

　それらの論文の考察は報告論文に委ねるが，ここではそれに対する方法論的な疑問を提起する。まず，②の「批判を受けて，枠組みを超え新たな視点との融合を図る研究」については，結局新たな仮説を伴う第三の理論構想へと至るのか，あるいは状況によって二つの理論を使い分けるコンティンジェントな問題なのか，という疑問である。また，「形而上学的前提のレベルで異なる立場を結合しようとする論文」については，丹沢氏のいう「方法論的個人主義と方法論的集団主義との調停のみならず，例えば，Popperが試みたような有機体論的な『まるごととしての全体』観と『特定の側面の全体』観との調停」はいかにして可能か，という疑問である。

　以上二つの疑問について，丹沢氏はいずれも「読み替えが可能なのだ」と

答えられた。そこで私はシンポジウムにおいて，理論構想レベルでは読み替えが可能だが，形而上学的前提のレベルでは不可能ではないかと主張した。つまり丹沢氏の立場からしても，「還元主義的前提に立てばこう見え，全体論的前提に立てばこう見える」ということになるのではないか。全体論的見方の意義をも認めてこそウェーバーの「価値自由」であり，Popper の言う「ピースミールの社会工学」ではないか。もし，すべてが還元主義への読み替えが可能であるとしたら，すべてを全体論への読み替えを主張する立場と同じく，いずれも Popper が忌避する「全体主義への道」ということになるのではないか。

　私は要素に還元できない何らか全体のようなものがあると考えるので，丹沢報告が要素還元主義の立場から先端的研究においては全体論的前提への接近が見られると認めたことを評価する。だから，経営学の現状から未来を展望するにあたって，新制度派経済学自体の「脱皮が問われている」のではないかと期待した。しかし，あくまでも自らの形而上学的前提に固執されるようである。

Ⅱ．新制度派経済学と第4次産業革命

　新制度派経済学については，2013年の全国大会報告「経済学を超える経営学——経営学構想力の可能性——」において，すでに一定の批評を加えている。基本的スタンスは変わらないが，今回は丹沢報告を契機としてその有効性を評価したい。たとえば，現在進行中の第4次産業革命について丹沢氏の「薄れゆく産業境界とビジネスモデルの革新——Industrie4.0/IoT が生み出すビジネスモデルの理論的背景は何か？——」がすぐれた分析を加えている。これは，新しい事態への領域拡大の議論であるが，同時に新たな理論構想への展望や全体論的前提からの考察をも要請する。すなわち，Industrie4.0/IoT 時代のビジネスは「顧客に対してビッグデータを入手しながらカスタマイズしたソリューションを提供する」というものになる。その「ソリューションは顧客ごとにカスタマイズしているため…カスタマイズごとにネットワークを組み，協力企業とは繰り返し調整を行わなければならない」。「当該

企業は複数のネットワークすなわちプラットフォームあるいは「エコシステム」を管理」するため，産業境界を超えて「取引ごとにコンソーシアム，SPC（special purpose company），JVを形成」していくことになる。丹沢氏によると，こうした組織とも市場ともいえないような流動的なネットワークを捉えるためには，取引費用論では十分でなく，重層的な取引構造を解明する財産権理論が必要であるとされる。また，企業境界・産業境界を超えた流動的なネットワークの把握は，要素還元的な考え方とともに生態学的な全体観によってさらに理解が深まると思われる。

そもそも，取引コスト論をはじめとする新制度派経済学は独占的大企業の出現を背景として，それまでの経済学が企業を市場で取引をする内部構造を持たない一個の経済主体として扱ってきたのに対して，なぜ内部構造つまり組織が経済学的に形成されるのかという問題に答える理論として提起された。通常企業組織の形成は，資本の集中つまり工場や機械などの資本財の大規模化に伴い従業員による組織的な活動の必然化として理解された。たとえば，三戸公教授は『資本論』の第4篇「相対的剰余価値生産」の理論を産業官僚制成立の論理として捉え直している。つまり自己増殖する価値としての資本の本性として，新鋭機械などの巨大な設備投資競争が必然的に企業組織の拡大と独占化を促したというのである。これは巨大化する生産手段を操業するために労働者の組織化が必然的になるという生産技術的な論理である。

しかし，組織形成の論理は技術的な要請ばかりではない。たとえば問屋制手工業から工場制手工業への発展は，道具の若干の進化があったとしても同じ手工業段階での出来事である。その背景には需要の拡大と職人層の増加つまり市場の拡大があった。アダム・スミスのいうような分業に基づく協業のメリットとともに，進展の原動力はおそらく需要の拡大に伴いギルドや散在する家内制手工業者から製品を買い集めてくる取引コストが過大に思われてきたことによるのではないだろうか。

いうまでもなく新制度派経済学の元祖であるロナルド・コースは歴史的に考えたわけではなく，圧倒的な組織化の潮流に掉さす形でなぜ企業は市場を内部化して組織を作るのか，という論理として取引コスト論を展開したのである。しかしながら，1970年前後の工業社会の行詰まりと情報化社会への

展開はコースの議論に新たな脚光を浴びさせることとなった。つまり管理コストが負担に感じられるようになってくる一方で、情報化により取引コストが低減する傾向が現れてきたのである。それが新自由主義的な市場化・民営化の主張に裏付けを与える理論とされた。このことから、理論はその出現の状況と異なる状況においては、異なった立場をとりうるということである。したがって、特定の理論あるいは理論的構想がどのような背景や経緯から成立したのか、またそれがいかなる作用や影響を経済や社会に与えたかを時系列的に究明をする学史的研究は独自の意義を持つといえる。

参考文献

Coase, Ronald H. (1937), "The Nature of the Firm," in *THE FIRM, THE MARKET, AND THE LAW*, The University of Chicago (1988).(宮沢健一・後藤晃・藤垣芳文訳『企業・市場・法』東洋経済新報社, 1992年。)。

高橋公夫 (2014), 「経済学を超える経営学――経営学構想力の可能性――」経営学史学会編『経営学の再生(経営学史学会年報 第21輯)』文眞堂。

丹沢安治 (2017), 「薄れゆく産業境界とビジネスモデルの革新――Industrie4.0/IoTが生み出すビジネスモデルの理論的背景は何か?――」関西学院大学商学部編『商学論究』64巻3号。

三戸公 (1973), 『官僚制』未来社。

8 経営学の未来と方法論的課題
——シンポジウムを顧みて——

片 岡 信 之

I．基調報告で示された問題提起は何だったか

　今回の学史学会大会では，統一論題テーマ「経営学の未来——経営学史研究の現代的意義を問う——」のもと，社会的インパクトの強い経営理論が生まれなくなっている経営学の現状に，経営学史学会がどう貢献出来るかを議論しようとするものであった。

　その趣意は上林憲雄大会実行委員長の基調報告に詳しく示されており，本論集にも収録されているので読んで戴けば明らかであるが，シンポジウムの司会を務めた者として，ごく簡単にポイントを，私なりの受け止め方として，整理して示すことから本稿をはじめたい。

　上林委員長の報告内容主旨は下記の5点に集約されるかと思う。
1．社会的インパクトの強い経営学の減少，方法論を意識した理論の減少，（経済学・社会学・心理学等を援用した）些末な現象説明・実証研究にとどまる論文の増加傾向，分断された領域間の意思疎通の欠如という経営学研究の現状（問題点）。このような研究の増加で経営学に未来はあるのか，経営学の研究とは何なのかを深く反省してみる必要がある。
2．この憂うべき研究状況の進行には，グローバル市場主義の進展が関係している。そこにあるのは上の危機的状況に堕するリスクに思いを致さないかに見える実証研究の盛行，即ち①領域分断化傾向＝全体像への関心の希薄化，②研究の「見える化」（≒計量的実証研究）に伴う「無思考化」「反知性主義」，③研究スコープの短期化，小粒化である。

3．経営学史の研究はこの憂うべき問題に対抗しうる（警鐘を鳴らしうる）学問であるはずだと考えられるのだが，しかし実情は，経営学界では学史研究の衰退傾向（とくに若手研究者の）が顕著である。
4．経営学史学会が本来的課題を果たすためには，単なる（個々の）学説研究レベルを超えて，「学問の歴史」として経営学史を理解すべきである（経営学の総体的発展という視点の重要性）。
5．「学問の歴史」としての経営学史という総体的視点から，経営学の未来展望，経営学の構想を今回の大会では論じて欲しい。

Ⅱ．各報告は問題提起にどう答えようとしたか

　以上の上林が提起した問題提起に対して，3名の報告者はそれぞれの視点から答えようとされたのであった。
　杉田博報告は上林基調報告の問題提起に対して，（実証主義に対峙する）解釈学の提唱によって答えうるとしたと解することが出来よう。杉田は解釈学を「部分と全体との生ける有機的関係」を問う哲学とし，フォレット，バーナードらに息づいている物語論的経営思想の解釈学的再構成によって経営学の未来が開かれうるとする。経営学の流れを主流・本流の二つとして捉える（三戸公の）議論の上に立ち，フォレット，バーナード，ドラッカーら本流の経営学史研究を解釈学的に再構成しようとする。そこでは要素還元的方法とは逆に統合の視点があるのであり，分析的論理の知見は，全体状況・文脈の中で解釈されなければ生きた経営を捉えることが出来ないという。また，科学の名の下に歴史，哲学，倫理，規範，価値，意味を排除するのとは逆に，それらを踏まえてこそ経営の実態を豊かに語り，未来を的確に見通す理論や学説が可能になる，とする。上林の問題提起に対する一つの答えがここにあるが，要素還元的方法・分析的論理の経営学的知見が解釈学的経営学においてどのように止揚（＝否定すると同時に保存し，より高い次元において実現・統一する）されていくのかということを，方法論のレベルを超えて具体的内容展開のプラン提示と内容そのものの展開として示すことが今後の杉田に期待される課題となろう。そこまで行ってはじめて上林の問題提起に

対する十全な解答を出したということになろう。(ただし，それは今回の報告課題の任務を越えるものであり，そこまでを求めるのは無い物ねだりではあるが)。

　村田晴夫報告は，統一論題テーマの「経営学の未来」という点に反応したものであった。村田は20世紀の企業文明が様々な激変のなか21世紀には転機を迎え，病んだ・転落する危機を迎えるだろうと見ている。その根源には「近代科学技術文明が『具体性置き違いの誤謬』の上に作られているという矛盾」があるという。近代科学の分析的方法は，具体を断ち切って抽象化された認識であり，それゆえ近代科学技術をそのようなものとして受け入れ，使用者の主体性の下で具体的現実に適切に適用・管理される時にのみ有効である。当然，近代科学のひとつとしての経営学の認識も同様である。西田幾多郎の「行為的直感」や山本安次郎の主体存在論的経営学への高い評価はこの点と結び付いている。この村田の指摘は，上林の問題提起に対してのさらに一つの答えであった。

　村田はさらに論を進めて，経営学の未来について4つの課題を挙げている。① 文明と経営の問題（標準となる経営の研究，精神のない専門人からの人間の回復），② 人間と社会の問題（人間観の再構築），③ 自然環境の問題（自然との対話），④ 日本経営学の論理と方法（西田幾多郎「行為的直感」，山本安次郎「経営存在論」の深化）の4つである。

　以上の村田報告は，杉田報告と通底する所もあるが，村田はヨリ哲学的・根源的で，経営学の未来見通しもそこから引き出された規範論的議論であると感じられるが，村田はそれで良いと言うであろう。歴史性や倫理性を欠いた些末な現象説明や実証研究・具体性置き違いの誤謬等の上にたった研究では，経営学の未来というような大きなテーマを見通す事も論じることもできないだろうからである。

　丹沢安治報告は，アメリカ経営学，特に新制度派経済学系の経営学を中心にして，そこでの「先端的経営学研究」の動向を整理して示し，それらを方法論的視角から検討し，学史研究の持つ意義を考えてみようという趣旨である。取りあげられているのは丹沢が主宰してきた「新制度派経済学研究会」で長年の間に取りあげてきた約200本の論文（先端的研究を掲載していると

評しうるアメリカ経営学雑誌に掲載された論文）である。

そこで見られるのは「統計的な手法を用いた分析も複数の理論を組合わせて独自の分析枠組みを作り，そこから仮説を導いて検証し，結果的に自分が組合わせて作った分析枠組みが『反証されていないこと』を証明する」のが多数派のやり方であり，こうして分析枠組みの新規性を競っている。これらの雑誌に掲載されるには無数の匿名レビュアラーの査読を経るわけで，換言すれば，結果的に，この匿名レビュアラーが「学問の進歩を先導する」ことになっている。これによって「主義主張による偏りはある程度，避けられているとは言えるだろう」。が，しかしその結果として，そこで採用される論文は分析枠組みの根柢にある違い（満足化原理と利潤極大化原理，方法論的個人主義と方法論的集団主義，還元主義と全体認識，・・・）の調整・調停の詰めが十分でないという弱点を持つことになっている。それゆえ，「経営学の未来が匿名の査読者達の集団的な意思によってはっきりと方向を示さずに導かれるとするならば，方法論的な側面からの学史研究によってその方向性を明らかにするという課題に貢献できるだろう」というのが丹沢の結論である。[1]

丹沢報告は上林基調報告の論点すべてに関わることについて，アメリカ経営学の最新動向を踏まえつつ，論究されたものと考えられる。

Ⅲ．経営学史の回顧と方法論的課題への問いかけ

以上の杉田，村田，丹沢によって提出された答え（要素還元的・分析的論理の方法とは逆の統合の視点の必要性，「具体性置き違いの誤謬」への留意・警鐘と克服，方法論的側面からの経営学史研究を基礎にすることの意義・重要性など）はそれぞれの立場から上林基調報告で提起された問題点への重要な解答である。

本稿では，上林，杉田，村田，丹沢らの報告を踏まえ，そこでの論点に関わりうるような議論が，これまでの経営学の歴史の中で，どのように扱われてきたかを，必要な限りで少し立ち入って見ていきたい。

経営学の分野で学の生成期から一貫してこの学のあり方を（第一次から第

四次方法論争にわたって）問うてきたドイツにおいては，今日，経営学をどのようなものとして理解しているであろうか。榊原研互の整理によれば，第四次方法論争以後下火になっていた方法論議が再燃してきたという。研究の専門化や断片化によって，実践問題の総合的な解決にとって斯学が無力化したからだというのである。[2] この事情は先の上林の問題提起に挙げられている事情と相通ずるものである。この議論に積極的に関わり・方法論的意識を根底に置いて最近書かれた G. シャンツの簡潔な通史によって眺めてみよう（Schanz 2014, 翻訳書, 2018）。[3]

シャンツは，経営経済学は異質な成分を含む学問であり，ひとつの科学プログラムで説得力のある統合を目指すことが有意義であるとは思えないとし，多元主義的な観点を主張している。それを具体的に裏付けるべく，彼はドイツ経営学（経営経済学）の発展史を次のように描き出している。

① 傑出した先駆者　シュマーレンバッハ（技術論的，経済性），リーガー（理論科学，収益性），ニックリッシュ（倫理・規範的，経営共同体）
② 学際的研究の黎明　グーテンベルク（新古典派志向的），ハイネン（人間科学への門戸開放），ウルリッヒ（システム論的・サイバネティクス的）
③ 補足と若干の拡張　労働志向的個別経済学，環境関連性（エコロジー規定的経営経済学）
④ 新制度主義と行動理論的経営経済学

このように，彼においては，経営学は多元主義的な観点の発展史としてとらえられており，統一的体系をそなえた一つの学問として構築する方向性・努力は放棄されることになる。経営学は多元的な観点の研究の集合であり，それでよい（それしかない）と見ているようである。ここからは，総体的視点から，経営学の未来展望，経営学の構想を探ろうとする上林の問題提起に十分に答えうる手がかりとなる視点は出てきそうにない。

他方，アメリカ経営学の状況はどうか。経営に役立つものならなんでもと，F. テイラー以後研究をあれこれと精力的に拡げ，推進してきたアメリカ経営学の多様な「マネジメント・セオリー・ジャングル」状況を嘆い

て，かつてクーンツは，統一理論を求めて方法論的問題提起をしたのであった（Koontz, H. (1961), "The Management Theory Jungle," *Journal of the Academy of Management*, Vol. 4, No. 3: Koontz (ed.), 1964, 翻訳書, 1968）。

クーンツはマネジメント・セオリー・ジャングルをなす学派を6つ挙げた。① 管理過程学派（普遍学派），② 経験学派，③ 人間行動学派，④ 社会システム学派，⑤ 数理学派，⑥ 意思決定学派。後になると学派数を追加し，1980年公表の論文では ① 経験学派ないし事例研究学派，② 対人行動学派，③ 集団行動学派，④ 協働的社会システム学派，⑤ 社会・技術システム学派，⑥ 意思決定論学派，⑦ システム学派，⑧ 数学学派ないし経営科学学派，⑨ 条件適応学派，⑩ 経営者役割学派，⑪ 実用的理論学派などを挙げている。

クーンツはこうしたジャングル状態から脱却する方途として，自らの理論的立場である管理過程学派を核にした総合化を提唱したのであるが，経営学は分業と協力で進めればそれで良いとするサイモンとの対立にみられたように，これで議論が纏まったわけではなかった。したがって，アメリカでも，研究の専門化や断片化によって，実践問題の総合的な解決力が失われたとする危機感がありながら，学問的総合化への道は進んでいないと言えよう。なお，ついでながら，経営コンサルタントとして実務的センスを持っていたドラッカーが「新しい哲学」の必要性にふれ，デカルト流の分析論理に対する新しい総合の論理の必要性に言及しているのは興味深い（Drucker 1957, 翻訳書, 1959）。

ひるがえって日本における状況はどうであろうか。さまざまな立場があるのはドイツやアメリカと同様である。たとえば市原季一のように〈経営学とは経営経済学，経営社会学，経営心理学，経営工学など経営諸学の協力によって成り立つ学問である〉と割り切る考え方がある[4]一方，対極に馬場敬治や山本安次郎のように総合化を目指す考え方もある。市原が上述のシャンツやサイモンに通底する思考であるのに対して，馬場，山本は問題意識としてはクーンツに一脈相通ずるところがある[5]。

今回も含めここ数年間の経営学史学会の統一論題テーマが，ドイツやアメ

リカでもあった方法論的反省と似た問題意識で設定されたことは偶然ではない。状況が似ているからである。そして，ドイツ，アメリカと同様に，日本でもいまだ解決を見ていない点も同様である。

日本において経営学を統一的総合的な学問として確立しようと努力した学者は経営学史上何人もあったが，なかでも代表的な論者として馬場敬治，山本安次郎の2人をあげることが出来る。

馬場敬治は組織学会設立に中心的役割を果たし初代会長をつとめた組織論の大家であるが，その立場から「本格的な経営学」を組織論として打ち立てようとした。その理論の要点は絶筆となった論文において簡潔に述べられている（高宮編 1962；1970）[6]。

馬場は理論的経営学を次の5つの理念型に分類する。

① 組織活動の経営理論（いわゆる「仕事の組織」），② 組織における人間関係の経営理論，③ 価値の流れの経営理論，④ 技術と経営の経営理論，⑤ 経営と社会の経営理論

そして①②を総合化したものを「狭義の組織理論」と呼び，これを中核として①から⑤までを総合化したものを「広義の組織理論」とする[7]。本格的な経営理論はこの広義の組織理論である。5者の総合が可能なのはそれらが現実において密接に関連しているという事実にあるからだとしている。

馬場の総合化志向は高く評価されうるものではあるが，① 広狭2種の組織という組織概念理解の曖昧さ，②5者の総合が可能とする根拠に〈それらが現実において密接に関連しているから〉という理由を示すだけでは，科学として総合できる根拠を説明したことにはならないという欠陥がある。また，5つの理念型がどのような意味で，同じように組織と言えるのかが問題である（たとえば価値の流れの経営理論はなぜ組織としてとらえられるのか）。十分納得的に説明できていないと思われる。

馬場のこれらの欠点を補完すべく，山本は馬場の広狭2つの組織概念を協働体系（経営存在，経営体）と組織として捉え直す。そのうえで山本は馬場と同じく「本格的な経営学」を目指すのである。山本は西田哲学に基礎を置き，行為主体存在論的経営学を主張する。主張の中核には経営存在，事業・企業・経営，行為的直感等のキーワードがある。

山本は，経営学における最大の欠陥は「経営」概念が不明確なことであるとし，経営概念を2つの次元にわけて説明する。ひとつは「経営存在」（広義の経営）であり，他は経営活動という主体的活動としての経営（狭義の経営）である。バーナードの研究者でもあった山本は，バーナードの理論を協働体系（経営存在）→組織→管理（＝主体的管理活動としての経営）の重層構造で理解し，協働体系（広義の経営）の中心に組織を，さらに組織の中心に管理（狭義の経営）をすえる。そして従来の諸学説を次のように総合化する構想を提示する。

　経営経済学（ドイツ）は「経営」の客体面（事業・産業・経済）を問題とし，経営管理学（アメリカ）は「経営」の主体面（経営者の職能）を問題とし，組織学派は「経営」の組織行動面（個人と組織，部分と全体，要素と統一）を問題とするものであると。こうして経営経済学（ドイツ），経営管理学（アメリカ），さらには組織学派の総合（統一的把握）が可能になるというのである。ただ，山本説は，西田哲学をベースにした特異な立論であるだけに，理解者はさほど広がってこなかったのが実情である[8]。このことは村田報告でも言及されたとおりである。

　クーンツ，馬場敬治，山本安次郎の3者は，総合化の論理・根拠づけこそ異なるとはいえ，多様に拡散した経営諸学を何とかひとつの体系として纏めて経営を総体的に捉えようという強い志向性においては通底している。そしてこの思いは，上林の基調報告や村田報告にも通じる志向性でもあるだろう。

　これらの学説は，その後，必ずしも多くの賛同者・継承者を得てきたわけではない。しかしながら，彼等の研究は常に自らの経営学体系総体を念頭におきながら，たとえ個別の些細な各論的研究をするときであっても，その各論研究を経営学体系総体との関係を意識しつつ・それとの関係においておこなわれてきていたという点は，今日あらためて学ぶべき点ではなかろうか。彼等流の各論研究の研究姿勢に立脚すれば，だだ単に業績点数稼ぎを目的とするだけの瑣末な論文，経営学発展にとってどれだけ意義があるかわからないような方向性不明の論文などは，生まれようがなかったのである[9]。

IV. 経営学研究の未来を豊かなものにするために

このように考えてくれば，自ずと上林の問題提起に対する解決の方向性が朧気ながら見えてくるように思われる。いくつかについて箇条書きにしてみよう。

1. 学問は先行する（先人の）理論をふまえ，それを現実との照合の中で検討し，批判し，止揚する（否定・保存・高めるの3契機を含む）努力によって批判的に継承され，総体的体系としてより高い次元に発展していく。この文脈と無関係・孤立的に，既存理論の流れへの顧慮もなく，目前の些末な現象説明の実証研究作業や過度に専門化・細分化された研究を行っても，経営学の学的理論総体発展への貢献にはあまり結び付かないのではないか。経営存在の活き活きとした総体の姿を捉えることが出来ないのではないか。個々の細分化された実証研究が全く無意味であるわけではないにせよ，その研究が（経営学の理論形成にとって）どのような意義をもつのか，位置付けがどうなされるのかを確認しながら個々の研究を行っていく必要があろう。

2. 経営体（経営存在）は質と量を内包し・しかも歴史的存在である。このことから示唆されることは，①経営体の現実を計量的な分析にのみ還元して捉えようとする研究だけでは一面的であり，不十分であること，②質的研究も必ず不可欠でありそれをもって補完されるべきこと，③経営体の歴史的規定性の考察を捨象した一般理論モデルは，はじめから限界を持っており，研究にあたってはその限界性を強く意識していなくてはならないこと，④この限界性に無自覚なまま研究を続けていくと，（村田が指摘したように）無意識的に「具体性置き違いの誤謬」を犯すことになる可能性が大きい。⑤それゆえ歴史的研究を重視すると共に，近年，経営学やそれ以外の分野（介護，社会福祉，公衆衛生など）で盛んになりつつある混合研究法（量的及び質的データの収集・分析によってそれらの統合を図る Mixed Methods Research）なども経営学は参照し，その問題意識や手法をさらに深めて追求していく必要があ

るかもしれない[10]。

3．経営学の歴史においては，総合的・統一的経営学を追求する努力が，方法論的探索とともに，常にあった。この学的伝統をもはや無意味ないし時代遅れになったとして無視してしまうことは，経営学の総体的認識発展のためにも，また個々の研究にとってヨリ実りある研究進展のためにも，意味あることとは考えられない。経営学のどのような領域の研究にたずさわるにせよ，また，方法論的研究それ自体を公表するか否かは別にせよ，誰しも方法論的意識を多かれ少なかれ持ち続ける必要があるのではないか。丹沢報告はこの点に関して，アメリカの先端的研究の弱点を指摘したものであろう。

4．経営学史研究の究極的課題は，過去の学説・認識に対する単なる観賞・観想・懐古趣味ではなく，過去・現在・未来を結ぶ大局観のなかで位置付けられる現代経営学理論の構築に資することである。本学会の設立趣意書（学会ホームページの「2.歴史」参照）に盛られた内容からも，このことは当初から自明であったが，初心は貫かれているか。

5．経営学が些末な研究の単なる集合と方向喪失にならないためには，なんらかの総合的体系化への指向が必要であろう。先の馬場や山本らの努力は，参照されるべき具体的成果である。とはいえ，既述のように，馬場にあっては5つの理念型を総合する根拠が何なのか，5理念型の内容が何故に経営学の研究対象として本質的に同一性を持つと言えるのか等が十分示されているとはいえない。山本についても，経営体の諸側面が経営者によって行為主体的に統一され総合化されるというだけでは，経営経済学と経営管理学との総合・統一的把握がなぜ出来るのかについて，十分具体的に根拠を説明できていないと思う。両学問がなぜ統一的科学となるような研究対象の本質的同一性を持っていると言えるのかについて，十分な説得性を持って語られてはいないのである。

　筆者（片岡）は従来より経営学の研究対象を「企業の生産諸関係」と規定し，その中身を①生きた活動（労働）の結合（＝組織）と②その結合労働が対象化されたもの（死んで商品に体化された労働）の2領域からなるものと考え主張してきた。前者は組織・管理の領域であり，後

者は経済的価値・商品・市場の領域であるが，共に活動（労働）という本質的同一性を持っている。それゆえ両領域はともに経営学の対象になるとして，馬場・山本の総合化の根拠とは異なる理論的根拠を提出していたのである。ただ，ここでは指摘のみにとどめる。

6．上林，杉田，村田のいずれも，価値規範を排除する（価値自由な）実証主義研究への疑問・批判を提起している。「事実／価値二分法の崩壊」（ヒラリー・パトナム）が指摘されているように，この前提自体が今では問い直されて来ている。丹沢が経営学の方法論的視点を認識論的前提（① 形而上学的前提，② 理論的構想）と③ 個々の現象に対する説明モデルに分類し，③は経験的に検証できるが，①②は経験的に検証できないとする理論的フレームワークの3階層を提起しているのも，正にこの点と関わるものであろう。これについてはもはや詳論の紙幅がないので，指摘だけにとどめて筆を擱く。

注
1) 丹沢は経営学の方法論的視点を認識論的前提（① 形而上学的前提，② 理論的構想）と③ 個々の現象に対する説明モデルの3つを挙げ，この視点からアメリカ経営学の先端的諸経営論文を3つのタイプに分けて詳しく考察している。
2) 榊原研互（2012），「現代ドイツ経営経済学における2つの潮流」経営学史学会編『経営学史事典［第2版］』文眞堂，29頁。
3) シャンツの理論的立場は批判的合理主義・行動理論的経営経済学の立場に立っており，新規範主義，経験主義の立場とは理論的対立関係にある。
4) 市原季一「経営経済学と人間問題」(1967)『経済論叢』100巻5号，51頁。
5) 当時の他の大家たちも類似の志向を持っていた。たとえば櫻井信行は経営過程論が，批判を受けても他のものに取って代わられることは無いだろうとし，むしろ他の学派の支援を得てヨリ高次の経営一般理論に止揚されるであろうと述べている（高宮晋編 (1970)，『新版体系経営学辞典』25頁）。また山城章は，経営学の大勢が経営者能力自体についての主体的・実践的研究よりも，スタッフ的な意味を持つ経営のサイエンス化になっていると批判している。そして隣接諸科学の内容を吸収して科学的に高められた有能経営者を育成することこそが重要だとする（高宮，同上書，40-41頁）。
6) のちに組織学会編集 (1988)『馬場敬治博士遺作集』(非売品。国内23大学図書館で所蔵) に，同趣旨の他3本の論文と共に，収録されている。
7) 山本安次郎は馬場の狭義の組織と広義の組織という2種の組織概念理解について批判している。山本によれば，広義の組織とは実はバーナードのいう協働体系であり，馬場の言う狭義の組織だけがバーナードの言う組織なのである。
8) 山本は，「本格的な経営学」を求めて生涯を捧げた人であった。新カント派的な分析論理による経営学を批判し，総合の論理，新しい哲学による経営学をというのがその主張であった。
9) 丹沢は慧眼にも publish or perish のアメリカ学界を覆う業績主義の風潮にふれている。実は

これはひとりアメリカだけではなく，日本も同様になってきているのである。若い研究者の大学等への就職難問題，研究者評価（昇進，異動，大学評価）における業績点数偏重などの時代風潮が，じっくりと長期的に大きな基礎的課題に取り組むよりは，細分された領域で短期的に手っ取り早い業績点数をかせぐことを個々の研究者に強制していると思われる。

10) さしあたり榊原研互（2014）「経営学における混合研究法の方法論的検討：ドイツ経営経済学における議論を中心に」（『三田商学研究』56 巻 6 号）を参照のこと。

第Ⅲ部
論　攷

9 組織論におけるマルチパラダイムの可能性

髙 木 孝 紀

I. はじめに

　方法論について，Burrell and Morgan (1979) は，社会学をもとに4つのパラダイムを提示し，パラダイムの多元性，および共約不可能性 (incommensurability) を強調した。その後，パラダイム多元主義を擁護する M. Reed とパラダイムの統一を要求する L. Donaldson の間で論争が生じ，そこにマルチパラダイムも加わって，「パラダイム戦争 (paradigm war)」はますます混迷を深めていった。

　パラダイム多元主義は，パラダイム間の結びつきを探究し，それらを乗り越えるための過渡的段階と考えるならば意義があるが，それ自体を歓迎するのは安易な妥協でしかない（今田 1986）。パラダイム間の結びつきを探究する理由として，第1に，相反する説明への偏見をなくし，研究の視野を広げ，多面的な組織現象の包括的な説明を可能にするためである。第2に，有効なマネジメントには，「拮抗する要素をうまく融合する能力」(Hart 1991) や「相反する考えをもつだけでなく，統合できること」(Spender 1992) が必要だからである。

　そこで，「パラダイム戦争」を解決する糸口として，本稿では，パラダイム間の関係を明らかにし，多面的な組織現象をとらえる枠組みとしてマルチパラダイムの可能性について考察する。まず，Burrell and Morgan (1979) の枠組みでは，共約不可能性が強調されており，パラダイム間の関係が明らかにされないことを示す。次に，パラダイム論を4つの立場に整理したうえで，3つのマルチパラダイム戦略を提示する。そして，共時的統合と経時的統合から，多面的な組織現象をとらえる包括的視点をもった統合的枠組みを

構築する。

II. パラダイムの多元性と共約不可能性

Kuhn (1970) によると,「パラダイム」には2つの異なった意味があるという。第1は,ある集団の成員によって共通してもたれる信念,価値,テクニックなどの全体構成である。第2は,モデルや例題として使われる具体的なパズル解きである。Kuhn (1970) は,パラダイムをおもに第2の意味で用いている。他方,Burrell and Morgan (1979) は,Kuhn (1970) よりも広い意味でパラダイムを用いていることから,第1の意味でとらえていると考えられ,本稿においても第1の意味でパラダイムを用いる。

Burrell and Morgan (1979) は,社会科学の性質にかんする仮定を「主観主義－客観主義」次元,社会の性質にかんする研究者の関心を「レギュレーション－ラディカル・チェンジ」の次元として扱い,機能主義 (functionalist),解釈主義 (interpretative),ラディカル構造主義 (radical structuralist),ラディカル人間主義 (radical humanist) という4つのパラダイムを提示している (図1)。

これら4つのパラダイムは,メタ理論的仮定のセットについて異なる基礎をもつことから,相互に排他的であり,統合されることはない (Burrell and Morgan 1979)。よって,Burrell and Morgan (1979) の枠組みでは,多様なパラダイムが分類・記述されているが,共約不可能性の強調によって,それらパラダイム間の結びつきを探究することはできない。

図1 4つのパラダイムによる社会理論の分析

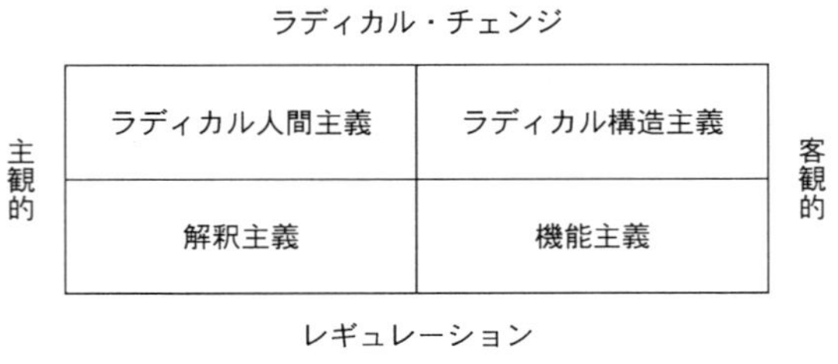

ラディカル・チェンジ

ラディカル人間主義	ラディカル構造主義
解釈主義	機能主義

主観的　　　　　　　　　　　　　　　　客観的

レギュレーション

(出所) Burrell and Morgan (1979).

野家（2008；2015）によると，共約不可能性は，「共通の尺度」を持たないことを意味するが，パラダイムの「理解不可能性」や「比較不可能性」を主張したものではないという。異なるパラダイム間でも，理解や比較を可能にする「部分的コミュニケーション」は成立する（野家 2008；2015）。部分的コミュニケーションとは，「コミュニケーションの杜絶の中にある人ができることは，互いに異なった言語集団のメンバーであることを認めた上で，翻訳者となること」である（Kuhn 1970）。そのため，共約不可能性を認めたとしても，パラダイム間の部分的コミュニケーション（対話）は可能であり，その結びつきを探究することができる。

Ⅲ．パラダイム論の整理

　Scherer らは，Reed（1985）[2]の影響を受けて，パラダイム論を４つの立場（孤高派，基本回帰派，何でもあり派，マルチパラダイム派）に整理している（Scherer 1998; Scherer and Dowling 1995）。

　第１に，孤高派（isolationist）は，知的自由を保護するために，理論的多元性やさまざまなパラダイムの発展を受け入れられなければならないと主張する（Burrell and Morgan 1979；Jackson and Carter 1991）。孤高派は，パラダイムの共約不可能性によって，異なるパラダイム間での有意義な対話は不可能であり，試みられるべきではないと考える。孤高派において，研究者は，選択したパラダイムの規則に従い，自らのパラダイムの発展に貢献することを期待されているにすぎない（Scherer 1998；Scherer and Dowling 1995）。

　第２に，基本回帰派（back-to-basics）は，組織科学の統一を要求する（Donaldson 1985；Pfeffer 1993）。Donaldson（1985）は，実証的な仮説検証が理論の妥当性を評価するもっとも適切な手段であると考える。これは，機能主義パラダイムの支配下で枠組みが再統合されることを意味する（Scherer 1998）。Pfeffer（1993）は，組織論分野の細分化を嘆き，科学的な学問分野を統合させるため，パワー戦略の有効性を記述している。

　第３に，何でもあり派（anything-goes）は完全な相対主義であり，すべ

ての異なる科学パラダイムを正当として受け入れる。何でもあり派では，競合する理論を客観的に判断する中立的な立場は存在せず，どの理論的，方法論的立場も正当であるとする (Scherer 1998 ; Scherer and Dowling 1995)。

第4に，マルチパラダイム派 (multiparadigm) は，共約不可能性を受け入れるが，同時にパラダイム間の継続的な対話は，パラダイムがお互いに孤立しない限り可能であると主張する (Scherer 1998 ; Scherer and Dowling 1995)。マルチパラダイム派の目標は，真実の探究ではなく，研究の視野を広げ，社会現象の包括的な説明を可能にすることである (Evered and Louis 1981 ; Gioia and Pitre 1990)。

ここでは，方法論的優位性の基準を「パラダイムの多様性」と「パラダイム間の結びつきを探究する対話」の有無にあると考える。その基準にもとづくマルチパラダイム派から他派への批判として，第1に，孤高派は，知的自由を保護するためにパラダイムの多様性を受け入れるが，共約不可能性によってパラダイム間の対話を妨げる。その結果として，相反する説明に対して研究者に偏見をもたせ，視野の狭い理論の発展を促進してしまう (Lewis and Grimes 1999)。

第2に，基本回帰派は，組織科学の統一を要求することから，パラダイムの多様性を拒否し，パラダイム間の結びつきを探究する対話をしない。そのため，単一のパラダイムを利用するだけでは，多面的な組織の現実を反映することができない (Gioia and Pitre 1990)。

第3に，何でもあり派は，パラダイムの多様性を認めているが，その多様性をとらえるための実質的な枠組みを見いだすことができず，パラダイム間の結びつきを探究する対話がない。

したがって，組織論の発展を考えるならば，マルチパラダイム派に方法論的優位性があるといえる。相対主義（孤高派，何でもあり派）や独断主義（基本回帰派）ではなく，パラダイム間の関係を明らかにし，多面的な組織現象をとらえるマルチパラダイムの枠組みを構築すべきである。

Ⅳ. マルチパラダイムと統合的枠組み

1. 3つのマルチパラダイム戦略

Lewis らは，3つのマルチパラダイム戦略（マルチパラダイム・レビュー，マルチパラダイム・リサーチ，メタパラダイム理論の構築）を提示している (Lewis and Grimes 1999 ; Lewis and Kelemen 2002)。

第1に，マルチパラダイム・レビューとは，研究者の基本的な前提（すなわち，メタ理論的仮定）を明らかにするために，既存の文献を考察することである。第2に，マルチパラダイム・リサーチとは，多様なパラダイム・レンズを実証的に利用することである。第3に，メタパラダイム理論の構築とは，マルチパラダイムがある種の包括的視点を獲得することである。

マルチパラダイム・レビューとマルチパラダイム・リサーチは，既存のパラダイムを利用しながら，多様な現実を明らかにすることができる[3]。たとえば，Allison (1971) は，既存の文献を考察することによって3つのモデル[4]（合理的行為者モデル，組織過程モデル，政府内政治モデル）を提示し（マルチパラダイム・レビュー），それらのモデルを用いてキューバ危機を分析した[5]（マルチパラダイム・リサーチ）。

Allison (1971) は，「選択的パラダイムと大モデルのうち，どちらの方を進めた方がより得るところが大きいか」（訳書，298頁）との問いに対して，「即席に一般化するよりも，部分的パラダイムを精緻化し，関連する行為の種類を明確化することの方が，限定的な理論や命題を発展せしめる実り多い道である」（訳書，320頁）と述べている。のちに，Allison and Zelikow (1999) は，「各概念レンズを通して特定された要因をまとめることによって，相当説得力のある説明ができる」（訳書Ⅱ，420頁）と指摘しながらも，「重要な問題に対する現時点での理解は，極めて限定的かつ不完全である」（訳書Ⅱ，440頁）と結論づけている。

マルチパラダイム派は，メタパラダイム理論の構築において，どのようにメタレベルの包括的視点を獲得するのかほとんど議論していない。この問題に対処するためには，パラダイム間の類似・対立関係を整理して，多面的な

組織現象をできるかぎり統合的にとらえる視点を設定することが必要である（岸田 1994）。すなわち，多面的な組織現象をとらえるためには，包括的視点をふまえた統合的枠組みを構築する必要がある[6]。

2．統合的枠組みの構築

　Burrell and Morgan（1979）の枠組みは，おもに社会理論を分析の対象としており，組織研究を特殊な場合として位置づけている。しかし，個人は，「組織」を通じて社会とつながっており，社会の中で「組織」が個人に果たす役割も大きくなっている（岸田 2014）。組織分析の枠組みをはじめて整理したとされる Gouldner（1959）は，合理的（rational）モデルと自然システム（natural system）・モデルという 2 つの組織モデルを提示した。

　合理的モデルは，「機械的」モデルを意味する。組織は，操作可能な部分からなる構造であり，それぞれの部分は全体の効率性を強化するように修正可能である（Gouldner 1959）。合理的モデルは，組織（構造）が人間（行動）あるいは過程を規制する側面をあらわしている（岸田 1994）。他方，自然システム・モデルは，構成部分の相互依存性を強調する「有機体」モデルにもとづく（Gouldner 1959）。自然システム・モデルは，人間行動・過程の進行の結果として組織（構造）が生じる側面をあらわしている（岸田 1994）。

　さらに，環境を考慮した場合にも，それぞれの因果関係は貫徹する。open ＆ 合理的モデルの場合は，マクロがミクロを決定し，環境→組織→人間という因果関係をもつ。逆に，open ＆ 自然システム・モデルは，ミクロがマクロを決定し，人間→組織→環境という因果関係をもつ。この因果関係は正反対であり，組織には対立する 2 つの力が働いていることを示している（岸田 1994；2001）。したがって，組織（organization）は，新しい組織構造の形成に向けて人々の活動を相互に連結する組織生成（organizing）の側面と，形成された組織構造が集合目的に向けて人々の活動を規制する構造統制（organized）の側面からなる（岸田 1994）。

　多面的な組織現象をとらえるためには，この 2 つのプロセスを統合的に説明しなければならないが，その方法は次の 2 つである。第 1 は共時的統合で

あり，メタパラダイムを作ってより包括的なモデルを作ることである。組織（organization）が組織生成（organizing）と構造統制（organized）からなるということは，組織が組織生成と構造統制を含む全体であるということである（岸田 2009）（図2）。

第2は経時的統合であり，時間の経過にそって因果関係を循環させることである。人間→組織→環境の因果関係と環境→組織→人間の因果関係は，原因と結果が正反対である。しかし，この2つの因果関係を時間の経過にそって考えれば，一方の結果が他方の原因になっており，人間→組織→環境→組織→人間というように，因果関係を循環させることによって，組織生成（organizing）と構造統制（organized）を同じ組織の生成，発展のサイクルとして結びつけることができる[7)8)]（岸田 2001）（図3）。

これまでの議論は，次のようにまとめることができる。マルチパラダイ

ム・レビューとマルチパラダイム・リサーチは，パラダイムの多元性と多様な現実を明らかにすることができる。しかし，それらが直接的にメタパラダイム理論の構築をもたらすわけではない。メタパラダイム理論の構築とは，包括的視点をふまえた統合的枠組みの構築である。そのためには，共時的統合により，レビューしたパラダイムを包括的視点から位置づける。そして，経時的統合により，位置づけたパラダイムを因果関係にそって結びつけ，統合的枠組みを構築する。それによって，多面的な組織現象をとらえるために，パラダイム間の対話とその結びつきを探究することが可能となる。

V．結語

本稿では，パラダイム間の関係を明らかにし，多面的な組織現象をとらえる枠組みとしてマルチパラダイムの可能性について考察した。

第1に，共約不可能性は，パラダイムの「理解不可能性」や「比較不可能性」を主張したものではなく，共約不可能性を認めたとしても，パラダイム間の対話は可能であり，その結びつきを探究することができる。

第2に，パラダイム論を4つの立場（孤高派，基本回帰派，何でもあり派，マルチパラダイム派）に整理し，マルチパラダイム派の方法論的優位性を示した。マルチパラダイム派は，相対主義（孤高派，何でもあり派）や独断主義（基本回帰派）とは異なり，共約不可能性を受け入れつつも，パラダイム間の継続的な対話を主張することによって，研究の視野を広げ，社会現象の包括的な説明を探究する。

第3に，3つのマルチパラダイム戦略（マルチパラダイム・レビュー，マルチパラダイム・リサーチ，メタパラダイム理論の構築）を提示し，「メタパラダイム理論の構築」においてメタレベルの包括的視点を獲得するためには，多面的な組織現象をとらえる統合的枠組みを構築する必要があることを指摘した。

第4に，その統合的枠組みは，共時的統合と経時的統合によって構築されることを明らかにした。共時的統合は，レビューしたパラダイムを包括的視点から位置づけ，経時的統合は，位置づけたパラダイムを因果関係にそって

結びつける。統合的枠組みは，パラダイム間の対話，およびパラダイム間の結びつきの探究を可能にする。

　以上の議論を踏まえたうえで，マルチパラダイムにおける統合的枠組みを精緻化していく必要がある。そのために，今後の課題として，第1に，Scherer (1998) および Scherer and Dowling (1995) によるパラダイム論の整理では，相対主義である「孤高派」と「何でもあり派」の関係が明確ではない。第2に，共時的統合において，どのように包括的視点を獲得するのか，そのプロセスが示されていない。第3に，経時的統合において，「構造統制」から再び「組織生成」へと至るプロセスが明らかではない。

注
1) Burrell and Morgan (1979) 以降の研究枠組みとして，Deetz (1996)，Hassard and Cox (2013) が挙げられる。Deetz (1996) は，研究アプローチの同質性と異質性を再考し，コンフリクトや議論をより生産的にするため，新しい2つの次元（①ローカル／エマージェント－エリート／ア・プリオリ次元，②コンセンサス－ディスセンサス次元）を設定した。しかし，その類型化次元は，Burrell and Morgan (1979) の次元を大きく刷新しているわけではない（梶脇 2017）。他方，Hassard and Cox (2013) は，1990年代以降のポスト構造主義やポストモダニズムにもとづく第3次パラダイムを説明するため，「社会科学の性質」の次元として，構造的パラダイム，アンチ構造的パラダイム，ポスト構造的パラダイムの3つを設定した。しかしながら，ポスト構造的パラダイムの設定は，アンチ構造的パラダイムの細分化にすぎず，組織研究のフロンティアを開拓しているわけではない（梶脇 2017）。
2) Reed (1985) は，パラダイム多元主義の立場から，パラダイム論を統合派 (integrationist)，孤高派 (isolationist)，帝国主義派 (imperialist)，多元主義派 (pluralist) の4つに分類している。しかし，パラダイム多元主義は，マルチパラダイムほどパラダイム間の結びつきを重視していないことから，本稿では Scherer らによる分類を取り上げる。
3) マルチパラダイムは，通常用いられるさまざまな具体的モデル（状況適合理論，資源依存モデル，取引コスト経済学など）との関係づけが十分になされておらず，具体的モデル次元での議論とその関係づけが必要である（小橋 2002）。
4) 合理的行為者モデルにおいて，政府行動は単一の意思決定者の選択である。組織過程モデルにおいて，政府行動は行動の標準様式に基づいて機能している巨大組織が作り出した結果である。政府内政治モデルにおいて，政府行動は駆け引きゲームの結果である (Allison 1971)。
5) 岸田 (1994) は，Allison (1971) が提示した3つのモデルを経時的に関係づけ，議論を展開していることから，マルチパラダイムの具体例として考えることができる。
6) マルチパラダイム派の代表である Schultz and Hatch (1996) は，パラダイムの相違を前提としたうえで，新たな理解を提示するパラダイム交差 (paradigm crossing) の立場から，パラダイム間の対照性（相違点）と関係性（類似点）を同時に認識する相互作用 (interplay) 戦略を提示している。それによって，現象の包括的理解がありうるが，Schultz and Hatch (1996) では，どのような関係性があるのか深く論じられていない（岸田 2001；小橋 2002）。
7) Burrell and Morgan (1979) の枠組みは，4つのパラダイムを提示しており，共時性を備えているが，パラダイム間の関係が明確にされていない。しかし，「経時的統合」によって，その

関係を明らかにすることができるならば，より「多面的な現象をとらえる」ことができる。
8) 髙木 (2014) は，統合的枠組みの議論を敷衍することによって，階層 (hierarchy) は，階層が生成する (hierarchizing) 側面と階層による統制 (hierarchized) の側面から構成されることを明らかにした。共時的統合により，階層は「階層生成」と「階層統制」を含む全体となる。他方，経時的統合により，階層は「階層生成」と「階層統制」の因果関係を循環することになる。
9) Ornstein (1972) は，「盲目の男たちと象」の寓話から次のように指摘している。象の1つのパーツだけを見ている人は，見ている箇所だけを分析して評価することはできるが，象の全体像をとらえることはできない。全体を見渡したパースペクティブは，知識のあり方がまったく別物であり，個々のパーツを研究するのと同じようにやれば成果を達成できるというものではない。

参考文献

Allison, G. T. (1971), *Essence of Decision: Explaining the Cuban Missile Crisis*, Little, Brown and Company.（宮里政玄訳『決定の本質　キューバ・ミサイル危機の分析』中央公論社，1994年。）

Allison, G. T. and Zelikow, P. (1999), *Essence of Decision: Explaining the Cuban Missile Crisis* (2nd ed.), Longman.（漆島稔訳『決定の本質　キューバ・ミサイル危機の分析Ⅰ，Ⅱ　第2版』日経BP社，2016年。）

Burrell, G. and Morgan, G. (1979), *Sociological Paradigms and Organizational Analysis*, Heinemann.（鎌田伸一・金井一頼・野中郁次郎訳『組織論のパラダイム』千倉書房，1986年。）

Deetz, S. (1996), "Describing Differences in Approaches to Organization Science: Rethinking Burrell and Morgan and Their Legacy," *Organization Science*, Vol. 7, No. 2, pp. 191-207.

Donaldson, L. (1985), *In Defence of Organization Theory: A Reply to the Critics*, Cambridge University Press.

Evered, R. and Louis, M. R. (1981), "Alternative Perspectives in the Organizational Sciences: "Inquiry from the Inside" And "Inquiry from the Outside"," *Academy of Management Review*, Vol. 6, No. 3, pp. 385-395.

Gioia, D. A. and Pitre, E. (1990), "Multiparadigm Perspectives on Theory Building," *Academy of Management Review*, Vol. 15, No. 4, pp. 584-602.

Gouldner, A. W. (1959), "Organizational Analysis," in Merton, R. K., Broom, L. and Cottrell, Jr., L. S. eds., *Sociology Today*, Basic Books.

Hart, S. L. (1991), "Intentionality and Autonomy in Strategy-Making Process: Models, Archetypes, and Firm Performance," *Advances in Strategic Management*, Vol. 7, pp. 97-127.

Hassard, J. and Cox, J. W. (2013), "Can Sociological Paradigms Still Inform Organizational Analysis? A Paradigm Model for Post-Paradigm Times," *Organization Studies*, Vol. 34, No. 11, pp. 1701-1728.

Jackson, N. and Carter, P. (1991), "In Defence of Paradigm Incommensurability," *Organization Studies*, Vol. 12, No. 1, pp. 109-127.

Kuhn, T. S. (1970), *The Structure of Scientific Revolutions*, The University of Chicago Press.（中山茂訳『科学革命の構造』みすず書房，1971年。）

Lewis, M. W. and Grimes, A. J. (1999), "Metatriangulation: Building Theory from Multiple Paradigms," *Academy of Management Review*, Vol. 24, No. 4, pp. 672-690.

Lewis, M. W. and Kelemen, M. L. (2002), "Multiparadigm Inquiry: Exploring Organizational Pluralism and Paradox," *Human Relations*, Vol. 55, No. 2, pp. 251-275.

Ornstein, R. F. (1972), *The Psychology of Consciousness*, Viking. (北村晴朗・加藤孝義訳『意識の心理』産業能率短期大学出版部, 1976年。)

Pfeffer, J. (1993), "Barriers to the Advance of Organizational Science: Paradigm Development as a Dependent Variable," *Academy of Management Review*, Vol. 18, No. 4, pp. 599-620.

Reed, M. (1985), *Redirections in Organizational Analysis*, Tavistock.

Scherer, A. G. (1998), "Pluralism and Incommensurability in Strategic Management and Organization Theory: A Problem in Search of a Solution," *Organization*, Vol. 5, No. 2, pp. 147-168.

Scherer, A. G. and Dowling, M. J. (1995), "Towards a Reconciliation of the Theory Pluralism in Strategic Management – Incommensurability and the Constructivist Approach of the Erlangen School," *Advances in Strategic Management*, Vol. 12 A, pp. 195-247.

Schultz, M. and Hatch, M. J. (1996), "Living with Multiple Paradigms: The Case of Paradigm Interplay in Organization Culture Studies," *Academy of Management Review*, Vol. 21, No. 2, pp. 529-557.

Spender, J.-C. (1992), "Strategy Theorizing: Expending the Agenda," *Advances in Strategic Management*, Vol. 8, pp. 3-32.

今田高俊（1986），『自己組織性』創文社。

梶脇裕二（2017），「組織研究の脱構築：組織分析諸モデルの意義を探って」第64巻第2号，79-106頁。

岸田民樹（1994），「革新のプロセスと組織化」『組織科学』第27巻第4号，12-26頁。

岸田民樹（2001），「組織論と統合的解釈モデル」『大阪大学経済学』第52巻第2号，102-115頁。

岸田民樹（2009），「組織学への道」岸田民樹編著『組織論から組織学へ』文眞堂，255-269頁。

岸田民樹（2014），「組織生成と構造統制——OrganizingとOrganized——」岸田民樹編著『組織学への道』文眞堂，30-60頁。

小橋勉（2002），「あいまい性，多義性，不確実性——組織の環境を規定する要因間の関係に関する分析——」『日本経営学会誌』第8巻，43-53頁。

髙木孝紀（2014），「組織と階層」岸田民樹編著『組織学への道』文眞堂，1-29頁。

野家啓一（2008），『パラダイムとは何か』講談社。

野家啓一（2015），『科学哲学への招待』筑摩書房。

10　リニア・モデルはなぜ必要だったのか
―― ブッシュ・レポート再訪 ――

桑　田　敬太郎

Ⅰ．はじめに

　高度な科学技術を備える今日の企業は，大学などの研究機関が担ってきた科学的な基礎研究に関わっている（Fini et al. 2018）。ところが，既存の技術経営研究（MOT）では，企業の研究開発活動（R&D）に焦点をあて，開発プロセスの最上流に位置づけられる科学的な基礎研究を与件とし，マネジメントの対象として考えてこなかった。

　本研究では，科学的な基礎研究を含んだ科学技術のマネジメントを論じることを目的とする。その際に改めて再考したいのは，大学などの研究機関による科学的な基礎研究に始まり，それが企業に応用され，最終製品の開発へと逐次的に進む線形的な開発プロセスを示すリニア・モデル（linear model）が，理念型（ideal type）として機能してきたということである。

　第Ⅱ節では，MOTにおけるリニア・モデルの位置づけを検討する。今日のMOTは，趨勢においてリニア・モデルが現実を記述するためのモデルとしては単純すぎると批判し，非線形的な関係を求める動きが見られる。本研究では，リニア・モデルを批判するMOTの諸研究を読み直し，それらの研究が必ずしもリニア・モデルを超克しておらず，むしろ理念型として潜在させながら企業のマネジメントの含意を引き出してきたことを検討する。

　第Ⅲ節では，科学技術のマネジメントを論じる手がかりとして，リニア・モデルの嚆矢とされる，物理学者ヴァネヴァー・ブッシュ（Bush, V.）が，第二次世界大戦終了間際にアメリカ政府に提出した報告書『科学――その果てしなきフロンティア』（Bush 1945）を再訪する。特に本研究では，いわ

ゆるブッシュ・レポートが，その後アメリカ政府や科学者，企業などの多様な利害関係者に規範として参照され，多様な実践を導いてきた点に注目する。リニア・モデルを理念型として捉え直せば，MOT が論じてこなかった科学技術そのもののマネジメントに対する含意を引き出せるはずである。

II. 理念型としてのリニア・モデル

MOT で批判される考え方に，ブッシュ・レポートを嚆矢としたリニア・モデルがある (e.g., 丹羽 2006, 120 頁；上山 2010, 184 頁；宮田 2011, 7 頁)。リニア・モデルは，一般的に，大学や専門機関による科学的な基礎研究を出発点とし，それが応用されることで企業の R&D へとつながり，最終的に社会の役に立つ製品が開発されるという線形的な開発プロセスとして理解されている (丹羽 2006, 120 頁)。MOT による批判は，リニア・モデルの線形的な開発プロセスが，現実を捉える上で単純すぎるという理由に尽き，その線形的な説明の超克が今日の理論的課題として語られることも多い (e.g., Edgerton 2004)。しかしながら，リニア・モデルの超克は，それほど簡単なことではないだろう。

第一に，進化経済学者による研究を見てみよう。Rosenberg (1969), Dosi (1978), Nelson and Winter (1982) などを中心とした進化経済学の研究は，ダーウィンの進化論を援用し，企業の R&D は科学的な基礎研究に方向付けられるのではなく，企業による選択と市場による淘汰によって方向付けられるという。Nelson and Winter (1982) によると，企業の R&D には多様な発展経路が存在し，企業による選択と市場による淘汰により最終的な方向性が決まるため，企業の R&D が線形的に進むわけではないと指摘する。他方で，こうした主張は，企業の選択よりも市場による淘汰に重点が置かれているため，結局のところで優れた科学技術が生き残るというダーウィニズムに帰着されることが指摘されており (Levitt and March 1988)，巨視的にみればリニア・モデルと何ら変わらない。

第二に，Kline (1985) や Kline and Rosenberg (1986) によって提唱された連鎖モデルである。彼らは，科学的な基礎研究から開発プロセスが始ま

るリニア・モデルを科学至上主義と批判し，企業の活動からも開発プロセスが起こる可能性を見出した。企業の活動は，市場の発見，総括設計，詳細設計，再設計および生産，販売およびマーケティングから構成され，これらの活動が相互作用しながら企業の R&D が進んでいく（Kline and Rosenberg 1986, p. 290）。ただし，科学的な基礎研究を企業の活動と切り離したからといって，科学的な基礎研究を起点としたリニア・モデルが否定されるわけでも，その意義が減じられるわけでもない。

第三に，von Hippel（1976）によるユーザー・イノベーションである。具体的には，リニア・モデルの特徴である技術圧力型（technology push）に対して，顧客が企業の製品開発を牽引する顧客牽引型（needs pull）を主張する（von Hippel 1976, pp. 61-62）。一見すると，わかりやすくリニア・モデルを退けているように思えるが，顧客の声が必ずしも本来の顧客のニーズを反映しているわけではないことはよく知られていよう（von Hippel 1976）。また，von Hippel（1976）が分析対象としていたのは，科学機器産業（ガスクロマトグラフィーや核磁気共鳴装置）の科学者であったことを考えれば，技術的に実現可能なユーザー・イノベーションとは，開発プロセスの最上流から起こるニーズ・プッシュ（needs push）（小川 2000, 136 頁）とも考えられる。

以上，代表的な MOT を概観しただけでも，いずれの研究も一方ではリニア・モデルを批判しつつ，他方ではリニア・モデルを潜在させており，根源的な超克はなしえていなかったことがわかる。しかしながら，リニア・モデルを超克できていなかったからといって，MOT が全面的に批判されるものではない。MOT では，リニア・モデルを仮想敵とすることによって，企業の R&D にとって必要なマネジメントの含意を引き出してきたからである。つまり問題となるのは，リニア・モデルの理論的位置づけにある。リニア・モデルは，現実を写像する記述モデルではなく，理念型として捉える必要がある。ウェーバー（Weber, M.）が論じた理念型とは，複雑な現実を理解する際の準拠点となる規範（norm）として用意されたものであり，我々の認識は規範となる理念型からの差異としてしか現れえないとしていた（Weber 1904, 翻訳書, 142-147 頁）。MOT が単純化しすぎだと批判してきたリニ

ア・モデルは，まさに理念型として機能していたのであり，方法論上での仮想敵と考えるべきなのである。

III. ブッシュ・レポート再訪

本研究では，リニア・モデルを単に記述モデルとして批判すべき対象として捉えることはしない。リニア・モデルを記述モデルとして捉えれば，開発プロセスの最上流に位置づけられる科学的な基礎研究は与件とされてしまい，科学技術のマネジメントは対象外となる。他方で，リニア・モデルを理念型と捉えれば，科学者を含む多様な利害関係者に，規範として参照された多様な実践を考える事ができる。そこに，科学技術のマネジメントの知見を見出していく可能性がある。

以下では，リニア・モデルの嚆矢と位置づけられる，ブッシュ・レポートを再訪する。ブッシュ・レポートそれ自体は，物理学者ブッシュが第二次世界大戦後も，戦中と同様にアメリカ政府から科学的な基礎研究に対する研究資金を獲得するための政策的提言をまとめた報告書である（Bush 1945）。ブッシュ・レポートがリニア・モデルとして社会一般に浸透していくのは，戦後になってのことである。ブッシュ・レポートが執筆されたのは，リニア・モデルが概念として確立していない時代であるが，注意すべきはリニア・モデルに相当する記述内容が，全221頁のうち，18頁に9行と19頁に2行程度であったということである。

「基礎研究は実践的目的を考慮に入れることなく遂行される。基礎研究は，一般的知識，自然に関する理解，そして自然法則を生み出す。こうした一般的知識は，数多くの重要な実践的問題に答えるための手段を提供する。ただし一般的知識は，すべての実践的問題に対して完全に明確な答えを与えるとは限らない。実践的問題に対してそうした完全な答えをあたえることが，応用研究の機能である。基礎研究をおこなう科学者は，自らの研究の実践的応用にまったく関心を持たないかもしれない。しかし基礎研究が長く無視されれば，産業発展はやがて止むことになる」（Bush 1945,

p. 18)

　「基礎研究は新しい知識をもたらす。基礎研究は科学的資本を提供する。基礎研究は，知識の実際的応用がそこから導き出される基盤を創り出す。」(Bush 1945, p. 19)

　つまり，執筆者であるブッシュをしても，社会の発展の基礎に科学があるという人々の間で共有されたイデオロギーを利用し，科学的な基礎研究の重要性を多様な利害関係者に説得していたのであった（上山 2010, 184頁）。本研究では，多様な利害関係者により，ブッシュ・レポートがどのように規範として参照されてきたのかを検討することを通じて，科学技術のマネジメントに対する含意を引き出していくことにしたい。

1．物理学者たちの「方便」

　第二次世界大戦後のアメリカ国家が推進すべき科学技術政策が書かれているブッシュ・レポートは，戦後も国家予算を科学的な基礎研究へ安定して投資させるための「方便」（expedient）として執筆された。ブッシュ・レポートには，アメリカ政府が科学の資本である基礎研究の助成に力を注ぐべきであるということが強調して述べられている（Bush 1945, p. 19）。こうした直接的な主張の方便として書かれたブッシュ・レポートは，科学的な基礎研究への国家予算の投資が，健康，教育，安全保障，雇用確保，平和維持というアメリカ国家全体の発展に繋がるという，荒唐無稽の理想論に埋め尽くされている（Morin 1993, p. 19）。

　第一に，アメリカ国民の繁栄であり，基礎研究への投資によって，新たな製品，サービス（ラジオ，エアコン，合成繊維，プラスチックなど）ができ，それによって雇用が創出され，新しい製品とサービスによって生活水準が高まる（Bush 1945, p. 10）。第二に，基礎研究がアメリカ国家の繁栄にとって重要であり，平和維持，雇用の確保，国防に影響を与えるため，国の施策として考えるべきである（p. 14）。第三に，基礎研究こそが，社会への実利をもたらす実践そのものであり，基礎研究への投資こそが人類進歩の

ペースメーカーである（p. 19）。荒唐無稽の理想論であるブッシュ・レポートの狙いは，第二次世界大戦後も戦時中と同様に潤沢な研究資金を確保するためであった。

　こうした物理学者ブッシュの方便は，科学的な基礎研究が社会を発展させるというイデオロギーを利用したものに他ならない。科学社会学者のマートン（Merton, R. K.）によれば，17 世紀のピューリタン革命以降，科学的知識は神の知恵と力と善を理解するために有効な手段であるとみなされるようになり，神の代替物たる科学的知識が人類の発展に寄与するというイデオロギーが支配的になった（Merton 1938，翻訳書，547 頁）。もちろん，科学的な基礎研究が社会の発展に役立つという考え方自体は，必ずしもブッシュ・レポートが最初ではない。ブッシュ・レポートで重要なことは，支配的であったイデオロギーを利用することで，第二次世界大戦後も科学的な基礎研究に対して，アメリカ政府が積極的に国家予算を投資すべきであると表明したことである（関下 2017, 147 頁）。当然ながら，科学的な基礎研究に巨額の国家予算を投資することが，アメリカ国家全体を発展させ一般大衆の生活を潤す保証があるわけでも，人類の進歩に直接つながるわけでもなかった（Morin 1993, p. 19）。ただし，ブッシュら物理学者にとって，第二次世界大戦後も継続的にアメリカ政府から国家予算を引き出すには，そうした方便が必要であった。

2．アメリカ政府の「隠蔽」

　ブッシュ・レポートを利用したのは，ブッシュたち物理学者だけではない。第二次世界大戦後のアメリカの科学技術政策を訴えたブッシュの意図とは裏腹に，ブッシュ・レポートは，皮肉にも第二次世界大戦後のソビエト連邦との冷戦に向けた軍事開発競争に国家予算を投資することを「隠蔽」（hiding）するためにアメリカ政府によって利用された。

　ブッシュ・レポートには，科学者による基礎研究がアメリカ国家の現在と将来を約束するという記述がある（Bush 1945, p. xvi）。また科学は純粋に普遍的な真理を追求し，それを拡大し人類にとって共通の貯蔵庫にする営為に他ならず（pp. xvi–xvii），基礎研究への国家予算の投資が人類の幸福につ

ながるという記述にアメリカ政府は注目する。特にアメリカ政府が重要視した文言は，基礎研究への投資が，他国に依存することなくアメリカの産業を飛躍的に発展させ，そうしたことが新たな雇用を生み出し，アメリカ国民の幸福を約束するという軍事開発とはかけ離れた内容である（e.g., p. vii, p. xiii, p. 3, p. 13）。こうした記述は，アメリカ政府が基礎研究へ莫大な国家予算を投資することで，軍事開発の促進を隠蔽するためには好都合であった。

　アメリカ政府がブッシュ・レポートを利用した背景には，原子力爆弾の開発を経て，実際に科学的な基礎研究が軍事的に利用できたからである（宮田 2011, 7 頁）。第二次世界大戦末期に必要とされた原子力爆弾は，7000 人の科学者，技術者が動員され，当時の金額で 2 兆円の国家予算が投じられたことで開発された（廣重 2002, 92-95 頁）。しかし，冷戦という目に見えない戦争で，原子力爆弾のような巨額の投資を必要とする軍事開発を続けていくためには，税金を収めるアメリカ国民を説得する必要があった。科学的な基礎研究への国家予算の投資が，アメリカ国民の生活に貢献するという理屈は無根拠であったものの，ブッシュ・レポートを利用することによって，アメリカ政府は軍事開発につながる科学的な基礎研究への莫大な投資が，アメリカ国民に幸福をもたらすと謳うことができた（上山 2010, 179-180 頁）。その後アメリカ政府は，大学や専門的な研究機関に莫大な研究予算を与え，軍事開発を促進させた（歌田 1996, 180 頁）。アメリカ政府は，ブッシュ・レポート利用することにより，冷戦に向けた軍事開発へ国家予算を投資することを隠蔽することができた。

3．科学者たちによる「制度化」

　冷戦に突入すると，ブッシュ・レポートは，ブッシュら物理学者だけではなく，科学者たちが利用することで広く社会一般にも浸透していく。科学者たちがブッシュ・レポートを利用した理由は，自由な研究をするためである（上山 2010, 184 頁）。ただし，自由な研究をするためには，大学のような自治によって守られる必要があり，資金の提供先の利害からは，全く独立に研究をしていくことが保証されなければならない。科学者たちは，第二次世界大戦中と同様にアメリカ政府から研究資金を引き出しつつ，政府が介入で

きない体制を「制度化」（institutionalization）するためにブッシュ・レポートを利用したのである。

　自由な研究を行うために，科学者たちはブッシュ・レポートの以下の文言に注目する。第一に，基礎研究による国民および国家の幸福，社会の発展のためには，科学界と軍の結びつきではなく，制度化された組織が必要である（Bush 1945, p. 15）。第二に，軍にかわり自由な基礎研究へ投資するための組織が必要である（p. 19）。第三に，戦時中に軍事開発を通じて築かれた科学界，政府，企業とのネットワークは，戦後の国家を支える産学官連携体制の核として，戦後も維持するべきである（pp. 81-82）。第四に，自由な研究こそが，知識の実利的な応用を導く資本となり，重要な科学的原理の発見や貢献に寄与し，実践的あるいは経済的利益を生む（p. 83）。

　科学者たちは，こうした文言を利用することにより，アメリカ政府に研究資金を投資させ，自由な研究を行うための組織を制度化した（Zachary 1999, p. 45）。第二次世界大戦中に軍事開発を通じて多額の研究資金を獲得していた科学者たちであったが，アメリカ政府の支配下のもと研究を行っていたため，科学者たちの好奇心にまかせた自由な研究を行うことができなかった（Hounshell 1996, p.69）。そのため，科学者たちは，ブッシュ・レポートに便乗し，国家科学基金，共同研究開発理事会，研究開発理事会，国務省内の軍縮委員会，アメリカ国防高等研究計画局などの組織を作り，自由な研究を行うための体制を制度化した（歌田 2008, 4頁）。こうした体制を制度化した結果，科学的な基礎研究が社会を発展させるイデオロギーは，リニア・モデルとして社会一般に浸透していった。

4．企業による基礎研究への「ただ乗り」

　第二次世界大戦後に続いた冷戦が終結すると，社会一般にまで浸透したことによって，リニア・モデルと呼ばれるようになったブッシュ・レポートは，アメリカ政府や科学者たちだけではなく企業にも利用されることになる（上山 2010, 184頁）。企業は，ひろく社会一般に広まった理念型としてのリニア・モデルを利用し，自社の利益になる科学的な基礎研究に「ただ乗り」（free ride）するようになった。

リニア・モデルとして社会一般に広がったブッシュ・レポートには，基礎研究に投資することによって，公共ないし民間企業による研究活動に対して大きく貢献するという記述が，言葉を変え繰り返し述べられている（Bush 1945, p. xvi, pp. 81-82, p. 84, pp. 214-215）。特に企業が注目した文言は，以下の二文である。第一に，基礎研究は純粋に普遍的な真理を追求し，それを拡大したアメリカ国家の知識の貯蔵庫に蓄積していく作業にほかならなく，その貯蔵庫からどのような実利的，具体的な情報を得るのかは民間企業の自由によるものである（p. 177）。第二に，第二次世界大戦中に蓄えられた科学的知識の多くは，広く社会全体に普及していき，特に民間企業の技術的な核となるであろう（p. 187）。

それまで大学などの研究機関の科学的基礎研究に多額の投資をしてきた企業は，こうした文言を積極的に利用していく（Hounshell 1996, p. 81）。というのは，社会一般に広まった理念型としてのリニア・モデルに便乗すれば，政府による莫大な科学的な基礎研究への投資の成果を，企業が無償で利用することが許される（栗原 2011, 70 頁）。もちろん，必ずしも全ての科学的な基礎研究が，企業の R&D に役立つものでないことは，当然ながら企業も気付いていた。例えば，多くの企業は，1970 年代以降ホットトピックとなったバイオテクノロジーの研究に集中して予算を投資してきたが，自社の利益に対して投資が見合わないとみなされると投資を打ち切っていた（Hounshell 1996, p. 84）。バイオテクノロジー以外にも，科学技術の高度化により膨れ上がっていく科学的な基礎研究への投資に耐えられなくなった多くの企業は，中央研究所を閉鎖してきた（Hounshell 1996, p. 92）。

だからといって，企業が科学的な基礎研究を不要であると考えたわけではない。むしろ，戦時中に築かれた産学官連携体制に積極的に参加することで，科学的な基礎研究へのただ乗りを目指したのである。例えば，研究成果を広く公表する研究者を利用するには，直接的な科学的な基礎研究への投資とは異なった独特なマネジメントが必要となった。Hounshell (1996) によれば，1970 年代以降のバイオテクノロジー分野における企業による科学的な基礎研究への投資は，直接的な投資ではなく，優れた科学的な基礎研究へのただ乗りというかたちでなされていたという（p. 84）。

IV. おわりに

　リニア・モデルは，線形的な開発プロセスの記述というよりは，科学的な基礎研究に関わるようになった今日の企業や，社会実装を踏まえた研究が求められている大学などの研究機関に対するマネジメントの含意を引き出すために必要であった。

　MOTでは，リニア・モデルの線形的な開発プロセスが，企業のR&Dを捉える上で記述モデルとして単純すぎると批判してきた。他方で，本研究では，リニア・モデルを企業のR&Dとして捉えるのではなく，科学的な基礎研究を含んだ科学技術に対するマネジメントの含意を引き出す理念型として積極的に捉え直してきた。その上で，リニア・モデルの嚆矢とされるブッシュ・レポートを規範として参照した多様な利害関係者の実践から，MOTでは議論されてこなかった科学的な基礎研究に対するマネジメントの含意を見出してきた。

　ブッシュ・レポートを再訪してみると，ブッシュを含む物理学者，アメリカ政府，科学者全般，企業という多様な利害関係者が，ブッシュ・レポートを規範として参照していた。ただし，これらの利害関係者の実践は異なっており，ブッシュを含む物理学者は戦後も国家予算を科学的な基礎研究へ安定して投資させるための「方便」として，アメリカ政府は軍事開発競争に国家予算を投資することを「隠蔽」するため，科学者全般は戦後も自由な研究を続けていくための体制を「制度化」するため，企業は自社の利益になる優れた科学的な基礎研究に「ただ乗り」するために，ブッシュ・レポートを利用してきたのである。

　このように，理念型としてのリニア・モデルを規範的に参照する多様な利害関係者を紐解けば，MOTが見過ごしてきた科学技術そのものに対するマネジメントの含意を見出だせる。もちろん，それは本研究が振り返ってきたように，ブッシュ・レポートの再訪からだけ見出されるわけではない。今日いっそう社会的な成果が求められてきている，「科学者たちの社会実践」のなかに様々に見出される（e.g., 松嶋・桑田 2017）。

参考文献

Bush, V. (1945), *Science: The Endless Frontier, A Report to the President on a Program for Postwar Scientific Research*, Office of Scientific Research and Development.

Dosi, G. (1978), "Technological Paradigms and Technological Trajectories: A Suggested Interpretation of the Determinants and Directions of Technical Change," *Research Policy*, Vol. 11, No. 3, pp. 147-162.

Edgerton, D. (2004), "The Linear Model did not Exist," in Grandin, K., Worms, N. and Widmalm, S. eds., *The Science-Industry Nexus: History, Policy, Implications*, Science History Publications.

Hounshell, D. A. (1996), "The Evolution of Industrial Research in the United States," *Engines of Innovation*, Vol. 13, pp. 23-113.

Kline, S. J. (1985), "Innovation Is Not a Linear Process," *Research Management*, Vol. 28, No. 4, pp. 36-45.

Kline, S. J. and Rosenberg, N. (1986), "An Overview of Innovation," in Landau, R. and Rosenberg, N. eds., *The Positive Sum Strategy*, National Academy Press.

Levitt, B. and March, J. G. (1988), "Organizational Learning," *Annual Review of Sociology*, Vol. 14, pp. 319-340.

Merton, R. K. (1938), *Social Theory and Social Structure: Revised Edition*, The Free Press.（森東吾・森好夫・金沢実・中島竜太郎訳『社会理論と社会構造』みすず書房，1961年。）

Morin A. J. (1993), *Science Policy and Politics*, Prentice-Hall.

Nelson, R. R. and Winter, S. G. (1982), *An Evolutionary Theory of Economic Change*, Harvard University Press.（角南篤・田中辰雄・後藤晃訳『経済変動の進化理論』慶應義塾大学出版会，2007年。）

Rosenberg, N. (1969), "The Direction of Technological Change: Inducement Mechanisms and Focusing Devices," *Economic Development and Cultural Change*, Vol. 18, No. 1, pp. 1-24.

Fini, R., Rasmussen, E., Siegel, D. and Wiklund, J. (2018), "Rethinking the Commercialization of Public Science: From Entrepreneurial Outcomes to Societal Impacts," *Academy of Management Perspectives*, Vol. 32, No. 1, pp. 4-20.

von Hippel, E. (1976), "The Dominant Role of the User in Semiconductor and Electronic Subassembly Process Innovation," *IEEE Transactions on Engineering Management*, Vol. 24, No. 2, pp. 60-71.

Weber, Max (1904), *Die 'Objektivität' Sozialwissenschaftlicher und Sozialpolitischer Erkenntnis*, J. C. B. Mohr.（富永祐治・立野保男・折原浩訳『社会科学と社会政策にかかわる認識の「客観性」』岩波書店，1998年。）

Zachary, G. P. (1999), *Endless Frontier: Vannevar Bush, Engineer of the American Century*, MIT Press.

上山隆大 (2010), 『アカデミック・キャピタリズムを超えて：アメリカの大学と科学研究の現在』NTT出版。

歌田明宏 (1996), 『マルチメディアの巨人：ヴァネヴァー・ブッシュ・原爆・コンピュータ・UFO』ジャストシステム。

小川進 (2000), 『イノベーションの発生論理：メーカー主導の開発体制を超えて』千倉書房。

栗原岳史 (2011), 「第二次世界大戦後の米国における軍による基礎研究への支援の決定：国防研究開発委員会とヴァネヴァー・ブッシュ」『科学史研究』第50巻，65-76頁。

関下稔 (2017), 「クリントン＝ゴアチームの知財重視と情報スーパーハイウェイ構想が切り開いた

新しい世界：知識資本主義の解明Ⅱ」『立命館国際研究』第29巻第3号，143-169頁。
丹羽清（2006），『技術経営論』東京大学出版。
廣重徹（2002），『科学の社会史（上）：戦争と科学』岩波現代文庫。
松嶋登・桑田敬太郎（2017），「イノベーション・エコシステムのデザイン」『Business Insight』第25巻第4号，2-9頁。
宮田由紀夫（2011），『アメリカのイノベーション政策：科学技術の公共投資から知的財産化へ』昭和堂。

11 離脱, 発言, および組織の重心
―― 1920 年前後における GM 社の一考察 ――

林　　　　徹

I. 序

　ハーシュマンによれば, 職場・自社の衰退を未然に回避することを目的とした経営者に対する発言が運営面での改善策を促す場合がある[1]。「離脱は経済学の領域に属し, 発言は政治学の領域に属している」(Hirschman 1970, p. 15, 矢野訳, 15 頁)。これに対して, 忠誠を経営学的に探究することが本研究のモチーフである。離脱しないというオプションは, 参加または生産の意思決定と読み替えられて組織均衡論のなかで取り扱われてきた[2]。しかし, バーナードからカーネギー学派に至る組織均衡論の系譜のなかで発言オプションは取り扱われてこなかった。発言オプションによってはじめて均衡が維持または更新される局面が見逃されてきたのである。

　均衡の維持に関しては部門間調整の手段としての直接交渉などが議論されてきた (Galbraith and Nathanson 1978 ; 岸田 1985)。しかし実際, 長期的適応としての組織革新 (均衡の更新) によって衰退が回避される局面もある (稲葉 1979)。にもかかわらず, 組織革新をめぐるカーネギー学派の議論の中心は最適ストレスの探究にあった。これに対して, 交渉, 利害得失の連合, 政治的側面が取り沙汰されることはあっても, 均衡の維持, 定常状態を前提とするものがそれらの中心であり, 組織革新の文脈で論じられることはなかった。なぜなら, 価値前提が捨象された結果, 革新の推進者たる意思決定者は事前と事後を通じて不変ないし同一と措かれてしまうからである。

　他方で, 忠誠 (organizational loyalty) に関しては, 個人の一体化 (identification) の観点から, 一般的な社会の価値とその組織の価値 (social versus organizational values) との関連で次のようにサイモンが分類している。一体化の対象が，その組織の「目的」にあるケースと，その組織の「存続・成長」にあるケース，である (Simon 1997, pp. 278, 295, 翻訳書, 431, 453 頁)。忠誠者の側からみると，前者は，バーナード流に言えば意思決定の機会主義的側面に関連し，後者は，同様にしてその道徳的側面に関連する。

以下では，この分類に依拠しつつ，1920年前後における GM 社を取り上げて，創業者であり GM 社筆頭株主でもあったウィリアム・デュランに対して，他の主要な幹部エンジニアたちが，どう発言し，あるいは独立したかを，離脱－発言オプションの見地から分析する。そのうえで，サイモンによる忠誠の概念を事例にあてはめて経営人モデルに足りない点を明らかにする。というのは，チャンドラー (Chandler 1962) による有名な命題，すなわち事業部制成立の背景に多角化戦略があった (Structure follows strategy) という単純化によって，そこに至るまでの離脱－発言オプションを伴ったトップ・マネジメントにおける政治的かつ現実的な意思決定過程 (Galbraith and Nathanson 1978, chapter 10) が捨象されてしまうからである。

II. 離脱か発言か

1. クライスラー

クライスラー (Walter Percy Chrysler, 1875-1940) は，鉄道・機関車業界における叩き上げの渡り職工であった。通信教育によって学位を得る一方で，OJT で培った生産効率に対する造詣が深く，企業全般の経営に対する慧眼も身に着けていった。1911年，当時ビュイック社の社長であったナッシュ (Charles W. Nash) とクライスラーを，GM 社を管理していた銀行家ストロー (James J. Storrow) がヘッド・ハンティングを目的として引き合わせた。かねてからガソリン自動車に関心を寄せていたため，クライスラーは転職を決意し，ビュイック社の製造担当責任者に就任した。この転職を含めて，それまでに幾度となく待遇面をめぐって上司と交渉し，衝突し，

決裂し，退職し，他所に就職する（発言と離脱の繰り返し）という経験を重ねていた（Chrysler 1950, pp. 17-109, chapter 2-7, 翻訳書，51-237 頁）。

1916 年，ビュイック社は持株会社 GM 社の傘下に置かれ，一事業会社となった。同時にクライスラーは，ナッシュを仲介役として年俸 6,000 ドルでビュイック社総支配人に就任した。その後，年俸は 50 万ドルへと引き上げられた。ところが，長年にわたるデュランの独善的な放漫経営を受け入れることができず（発言），1919 年，クライスラーは GM 社を辞職（離脱）した（Chrysler 1950, pp. 80-109, chapter 6-7, 翻訳書，179-237 頁）。

退職後約 1 年間，自宅にかつての仕事仲間を集めては飲み食いしてぶらぶらしていたところ，妻デラに諭されて再び実業界に戻った。縁のあったウィリス・オーバーランド・モーター社の経営権を奪おうとして失敗し，同社を去った。その後，同社と関係のあったマクスウェル社の経営権を得て 1925 年，マクスウェル社をクライスラー社に社名変更した。さらに 1928 年，ダッジ社を買収した（Chrysler 1950, pp. 110-130, chapter 8, 翻訳書，239-282 頁）。

以上のように，クライスラーは職場では相手がだれであろうとも遠慮なく発言したし，離脱をも厭わなかった。デュランから高額の報酬を提示されて，しばらく勤続したものの GM 社を去った。ケラー（Keller 1950, Introduction, 翻訳書，5-7 頁）によれば，安易に妥協を許す無計画な経営者に対して，彼は真摯に貢献することができなかったのである。

2．ケタリング

ケタリング（Charles Franklin Kettering, 1876-1958）は象牙の塔にこもって発明を繰り返すタイプのエンジニアではなかった。販売担当者を介して現実のユーザーからの声に耳を傾け，同僚の協力によってはじめて発明の実用化が可能となることを理解しており，チームワークを重視する現実主義者であった（Bernstein 1996, p. 87）。電気工学を専攻したケタリングは，オハイオ州立大学卒業後の 1904 年，ナショナル・キャッシュ・レジスター（NCR）社に就職し，同社を退社（離脱）するまでの 5 年間に 23 個の特許を取得した（Leslie 1983, p. 45）。その後，将来有望な自動車関連の研究に専念す

るために 1909 年,同僚ディーズ (Edward A. Deeds) らとともに NCR 社を辞めてデルコ (Delco, Dayton Engineering Laboratories Company) 社を共同で設立した。1918 年,同社はユナイティッド・モーターズ (United Motors Company) 社に身売りされ,さらに 1920 年,ユナイティッド・モーターズ社は GM 社の傘下となった。

しかし 1921 年から 1923 年にかけて,銅冷式エンジン (copper-cooled) と呼ばれた空冷式エンジンの開発をめぐって苦い経験をした。スローン (Sloan 1963, pp. 71-94, chapter 5, 田中・狩野・石川訳,95-124 頁;有賀訳,83-109 頁,第 5 章) によれば,この開発をめぐる問題の本質は GM 社内における技術開発と事業推進のバランスにあった。当時ケタリングに全幅の信頼を寄せ,空冷式エンジンが将来の GM 社をリードするものと信じていたピエール・S・デュポンが社長に就いていた。各事業部はそれまでの水冷式エンジン車の在庫を抱えながらも空冷式エンジンのテスト結果を待つという不安定な状態に置かれた。空冷式エンジンは開発に予想以上に時間がかかった挙げ句,テストを通過できなかった。社内は混乱をきわめた。スローンら GM 社の首脳陣はケタリングのプライドを傷つけないように注意を払いつつ,社内の秩序維持に奔走した。その顛末の責任をとるかたちで 1923 年,ピエール・S・デュポンが社長を辞した。ケタリングもまたピエールを追うかのように辞意をスローンへ手紙で伝えた(発言)。これに対して,ピエールの後任であるスローン社長は,結果責任を問われないスタッフとして GM 社研究所 (General Motors Research Corporation) 所長のポストを用意することにより,ケタリングの慰留に成功した。

3. スローン

スローン (Alfred Pritchard Sloan, Jr., 1875-1966) は,1923 年にピエール・S・デュポン社長が辞任した後,長年にわたり GM 社の社長ないし会長職にあった。アニュアル・モデル・チェンジによる計画的陳腐化,スタイリング・デザイン,フル・ライン戦略,販売対象車を担保として購買者に購入代金を貸し付ける GMAC,各事業部の売上と現金勘定に対して総合本社の口座を経由させることによる本社財務担当者の一元的な現金管理,ROI を

用いた分権的事業部制，その他から成る近代企業経営手法の導入によって，かつては統制を欠いた子会社の寄せ集めであった同社を，世界最大企業へと成長させた（Sloan 1963）。

ブルックリン工科大学から MIT へ編入して電気工学を専攻したスローンは，卒業後ハイアット・ローラー・ベアリング社に入社した。自身の父らが同社の経営権を掌握したことなどから 1899 年，同社社長となった。その後，デュランによる買収によって 1916 年，同社はユナイティッド・モーターズ社の傘下に入った。さらにその後，ユナイティッド・モーターズ社は事業持株会社 GM 社の子会社となった（下川 2013）。

しかし，近代企業経営の手法についてはスローンがこれを独りで成し遂げたわけではない。財務面に関して言えば，GM 社に投資していたピエール・S・デュポン，デュポン社から送り込まれたジョン・ラスコブ，ドナルドソン・ブラウン[3]，といった人たちの協力があった。そのような有能な人たちが参集するきっかけを作ったのがデュランであった。というのは，デュランは，株式交換によって M&A を繰り返し，有能な人たちがかかわっていた多数の子会社群をその傘下に抱える GM 社の基礎を築いたからに他ならない（山崎 1969）。

スローンが GM 社を辞め（離脱し）ようと思うに至った理由は，1919 年末から 1920 年はじめにかけて自身が作成した組織改革案をデュラン社長に提出した（発言）にもかかわらず，デュランがこれを真剣に受け止めなかったことにある。その後，自動車産業の成長可能性を見込んでいた J. P. モルガンとデュポン・グループ（＝ピエール）の尽力により GM 社の倒産は回避された[4]。それと同時に実権を失ったデュランは GM 社を去り，ピエールが中継ぎを担うかたちで，スローンは GM 社を離脱することなく社長に就任した。

III．忠誠の二面性

上記の具体例において 3 人ともが，デュランの人柄をよく知らないままに，M&A に随伴する形で GM 社において邂逅した。しかし，一方でクライ

スラー（発言と離脱）とスローン（結果的に発言どまり）はデュランに対する忠誠を拒み，他方でケタリング（結果的に発言どまり）は自身の支援者たるピエールとスローンとともにGM社に対する責任をまっとうしようとした。

　なぜなら，GM社に対する実権を再度デュランが失って同社を去る際，ピエールが同社社長職のいわば中継ぎ役となり，新社長スローンへと同社の実権が移された。こうして同社の組織革新が成就したからである。

　いま，組織革新（均衡の更新）を「支配的な連合体によって形成される価値体系の交代」としよう。ただし，「連合体の境界」，「総合的な選好」，それに参加者の「顔ぶれによって連合体の目的が変化する」点には要注意である。[5]

　マーチ＆サイモンは，計画策定におけるグレシャムの法則を唱え，他方で革新に必要な最適ストレスを指摘した（March and Simon 1993）。しかし，3人の具体例でみたように，またミンツバーグ（Mintzberg 1973）も指摘しているように，組織革新の推進者は社長室に閉じこもってデータと向き合ってばかりいるわけではなかった。日常業務からの適度な解放を求めていたわけでもなかった。開発，製造，あるいは販売の現場で，有能な同僚たちとともに日常業務に密接にかかわる恵まれた職場で，デュランとの確執（クライスラーとスローンのケース），あるいは事業部と開発部門との間の調整の欠落（ケタリングのケース）のために，離脱－発言オプションを行使せざるを得ない現実と向き合っていた。

　実際，スローンやケタリングのように経済的には躊躇なく離脱できる状況下にあるにもかかわらず発言オプションによって離脱を回避することが，現実にある。また，クライスラーのように，離脱が引き合うかどうかわからないのに「発言かつ離脱」というオプションがとられることもある。なぜか。

　これらを整合的に説明する手がかりは，組織均衡論ないし権威受容説と関連するバーナードによる無関心圏（zone of indifference：Barnard 1968），ハーシュマン自身による忠誠，ウィリアムソンによる受容圏（zone of acceptance：Williamson 1975），これらに求められそうである。以下で検討する。

1. 権威受容説と関連する諸概念の検討

　澤邉（1999, 294頁）によれば，離脱や発言が外部から観察可能であるのに対して，（ハーシュマンによる：引用者）忠誠はそうではないために，黙従や無関心（無差別）も含まれうる。

　グラノベター（Granovetter 1985）によれば，階層の有効性に信頼を寄せているウィリアムソンは，バーナードによる服従の問題の本質を過小評価している。「無関心圏」とは，それが命令されたことであるかどうかに従業員が無関心（無差別）であるという理由に基づいて従業員がそれに従う領域を指している。

　これに対して，ウィリアムソンは「受容圏」という用語を用いている。「無関心圏は，そのある程度までは受容圏に含まれる。通常，命令うちのほんのわずかな部分だけが，無関心とされるものの，̇残̇留̇と̇離̇脱̇の̇臨̇界̇状̇態̇に個人を追いやるのである」（Williamson 1990, p. 201, 翻訳書，268頁，ただし，原典を参照のうえ引用者が加筆・修正を施している。傍点は引用者）。

　以上より，ハーシュマン自身による忠誠概念，バーナードによる無関心圏，ウィリアムソンによる受容圏，これらはいずれも忠誠の二面性を抽出しているサイモンの概念規定と比べると操作的ではない。これらに対してサイモンによる忠誠概念は，グラノベターによる埋め込みの議論と親和的である。

　事実，完全競争下では，市場参加者は互いを知らないことになっているため，寄り合うことも，再会することも，関係を維持することも，必要ない。よって，交渉，折衝，抗議，調整を行う余地もない（Hirschman 1982, p. 1473）。

　しかし，埋め込み（embeddedness）の議論では，信頼の構築あるいは不正の抑止における具体的で個人的な関係の役割が重視される（Granovetter 1985, p. 490）。こうした個人的な関係こそが，意思決定の道徳的側面としての，その組織の存続・成長を対象とする忠誠の起源である。

　サイアート＆マーチは「顔ぶれによって連合体の目的が変化する」ことに気付いていながらそれを探究していない。また，組織均衡論は個人の高次欲求を十全に取り込んでいない。サイアート＆マーチが連合体における「総合

的な選好」によって単純化を図ろうとしたことはその証左である。総合的な選好ないし満足とは，ほんらい共約不可能（incommensurable）な，低次欲求と高次欲求を強引に合成した概念である。ハーツバーグによる二要因理論の見地からみれば，低次欲求の対象には衛生要因が，高次欲求のそれには動機づけ要因がそれぞれ対応すると考えられる。バーナード流に言えば，前者は意思決定の機会主義的側面と関連し，後者はその道徳的側面と関連するように思われる。

　以上から，離脱の選択肢が他にある場合でも発言オプションが行使される契機は，市場での代替が難しい対象への忠誠（高次欲求の対象たる動機づけ要因，意思決定の道徳的側面，その組織の存続・成長）にあると考えられる。なぜなら，そのような対象への忠誠こそが離脱よりもむしろ発言オプションを通じて支配的な連合体の形成を促し，その結果，価値体系の交代すなわち組織革新を導く。こうして論理が首尾一貫するからである。

2．経営人モデルの修正

　サイモンによる忠誠概念のうち，一方で，市場で調達できる代替可能な機能に関する忠誠（その組織の目的）は離脱オプションと関係し，他方で，市場での代替が難しい対象への忠誠（その組織の存続・成長），すなわち準道徳的な価値を帯びた対象への忠誠は，発言オプションと関係する。[6]

　当事者が，個別特殊的な，交渉，折衝，抗議，調整を行うなかで，互いを知り，寄り合い，再会し，関係を維持・更新・切断を繰り返す。埋め込まれた状況下において，発言オプションにつながる忠誠が醸成される。経営人モデルが市場で調達可能な機能（に対する忠誠）だけを扱えば，離脱オプションだけがその射程に収まり，その結果，経済学に回収される。

　現実を十全に説明するには，経営人モデルに発言オプションのメカニズムが組み込まれる必要がある。事実，カーネギー学派の主要文献の索引（index）に発言（voice）は見当たらない。また，時々刻々と変動する希求水準（aspiration level）の重要性は指摘されていてもそれは与件（given）としてであった。なぜそれが変動し，なぜ変動しないのかは検討されてこなかった。したがって，発言オプションにつながる忠誠の醸成と，それにつな

がる埋め込みの議論を接続することにより，経営人モデルはさらに修正される必要がある。

IV．結語

本研究では，1920年前後におけるGM社の主要な人物，古典的な具体例を取り上げて，ハーシュマンによる離脱―発言オプションと，サイモンによる忠誠概念をあてはめて分析した。これにより経営人モデルに修正を加える必要性を明らかにした。市場での代替が難しい対象への忠誠，すなわち準道徳的な価値を帯びた対象への忠誠があれば，発言オプションが選好される。サイアート＆マーチは連合体に境界線を引くことは不可能と断じた。しかし，サイモンによる忠誠概念のうち，その組織の存続・成長（高次欲求の対象としての動機づけ要因，意思決定の道徳的側面）を対象とする忠誠を軸に据えれば，連合体に境界線を引くことは不可能ではないように思われる。

注
1) これに対して，同業者，株主，規制当局，などの，対ステイクホルダーという観点からみると，発言オプションは，カルテル，株主への利益供与，当局による各種優遇措置，などを意図した経営者による政治的工作がそれにあたる（Hirschman 1970, pp. 26-27, 翻訳書，28頁）。
2) マーチ＆サイモンによれば，「組織均衡についてのバーナード＝サイモン理論は，基本的には（高橋訳：本質的に）動機づけの理論である」（March and Simon 1993, p. 103, 土屋訳，128頁；高橋訳，106頁）であるならば，均衡の崩壊・破壊もまた動機づけの問題である。しかし，バーナードと同様に彼らもまた，金銭的インセンティブ（低次欲求の対象，衛生要因）と非金銭的な動機づけ（高次欲求の対象，動機づけ要因）の扱いに関して混乱している（林 2015, 第13章）。
3) ドナルドソン・ブラウンが，なぜデュポン社に入社し，その後，なぜGM社へ移籍したか。近代企業経営の礎を担った功労者のひとりでもあるブラウンを，なぜデュポン社は手放したのか。娘婿となってデュポン一族に加わり，デュポン社の重役に就いても不自然ではなかった。こうした人事をめぐる疑問に対する答えを求めようとしても，チャンドラー（Chandler 1962）にもスローン（Sloan 1950；1963）にもその手がかりとなる記述はない。これに対して煙草園経営のブラウン家と武器弾薬製造者のデュポン家が敵対関係にあった南北戦争当時の背景からドナルドソン・ブラウンのプライベートな経歴と人物像の全般に至るまでをドラッカー（Drucker 1979, pp. 263-267, 風間訳，405-409頁）が詳述している。
4) 幻となったが，フォードとGMの大合併によるインターナショナル・モーターズ社の創設はモルガンが画策した構想であった（大森 1986, 151-167頁）。
5) サイアート＆マーチによれば，「組織とは，個人から成る連合体であって，さらに下位連合体から成っているものもある。この考え方を企業にあてはめてみると，管理者，従業員，株主，

納入業者，顧客，弁護士，課税庁，規制当局，などから成る連合体，となる。(中略) 連合体に境界線を引くことは絶対に不可能である。よって，その代案として時間または機能の面から特定の『領域』の参加者に絞ることによって連合体を分析するという方法が考えられる」(Cyert and March 1963, p. 27，翻訳書，40頁，ただし，原文を参照のうえ改訳を施している。傍点は引用者)。したがって，「企業の目的は連合体を構成する参加者の相互作用から生じる総合的な選好から成る関数である」(Cyert and March 1963, p. 9，翻訳書，13頁，ただし，原文を参照のうえ改訳を施している。傍点は引用者)。「組織すなわちその連合体に，あらたに参加者が加わったり，あるいは古参のある参加者が離脱したりすれば，それに応じてその目的の内容も変わる」(Cyert and March 1963, p. 115，翻訳書，169頁，ただし，原文を参照のうえ改訳を施している。傍点は引用者)。

6) 林 (2015) はそれを「組織の重心」と称している。

参考文献

Barnard, Chester I. (1968), *The Functions of the Executive*, 30th anniversary edition with an Introduction by Kenneth R. Andrews, Harvard University Press (Originally in 1938). (山本安次郎・田杉競・飯野春樹訳『新訳・経営者の役割』ダイヤモンド社，1968年。)

Bernstein, Mark (1996), *Grand Eccentrics: Turning the Century: Dayton and the Inventing of America*, Orange Frazer Press.

Chandler, Jr., Alfred D. (1962), *Strategy and Structure: Chapters in the History of the Industrial Enterprise*, MIT Press. (三菱経済研究所訳『経営戦略と組織：米国企業の事業部制成立史』実業之日本社，1967年；有賀裕子訳『組織は戦略に従う』ダイヤモンド社，2004年。)

Chrysler, Walter P. in collaboration with Sparkes, Boyden (1950), *Life of an American Workman*, Dodd. (小野武雄訳『労働服の社長：クライスラー自伝』ダイヤモンド社，1956年。)

Cyert, Richard M. and March, James G. (1963), *A Behavioral Theory of the Firm*, Prentice-Hall. (松田武彦監訳・井上恒夫訳『企業の行動理論』ダイヤモンド社，1967年。)

Drucker, Peter F. (1979), *Adventures of a Bystander*, Harper & Row. (風間禎三郎訳『傍観者の時代：わが20世紀の光と影』ダイヤモンド社，1979年；上田惇生訳『ドラッカーわが軌跡：知の巨人の秘められた交流』ダイヤモンド社，2006年。)

Galbraith, Jay R. and Nathanson, Daniel A. (1978), *Strategy Implementation: The Role of Structure and Process*, West Publishing Co. (岸田民樹訳『経営戦略と組織デザイン』白桃書房，1989年。)

Granovetter, Mark (1985), "Economic action and social structure: The problem of embeddedness," *American Journal of Sociology*, Vol. 91, Issue 3, pp. 481-510.

Hirschman, Albert O. (1970), *Exit, Voice, and Loyalty: Responses to Decline in Firms, Organizations, and States*, Harvard University Press. (三浦隆之訳『組織社会の論理構造：退出・告発・ロイヤルティ』ミネルヴァ書房，1975年；矢野修一訳『離脱・発言・忠誠：企業・組織・国家における衰退への反応』ミネルヴァ書房，2005年。)

Hirschman, Albert O. (1982), *Shifting Involvements: Private Interest and Public Action*, Princeton University Press. (佐々木毅・杉田敦訳『失望と参画の現象学：私的利益と公的行為』法政大学出版局，1988年。)

Keller, Kaufman T. (1950), "Introduction," in Chrysler, Walter P. in collaboration with Sparkes, Boyden, *Life of an American Workman*, Dodd. (小野武雄訳「原著序」『労働服の社長：クライスラー自伝』ダイヤモンド社，1956年，5-7頁。)

Leslie, Stuart W. (1983), *Boss Kettering: Wizard of General Motors*, Columbia University Press.

March, James and Simon, Herbert A. (1993), *Organizations*, 2nd ed., Blackwell (Originally in 1958). (土屋守章訳『オーガニゼーションズ』ダイヤモンド社, 1977年；高橋伸夫訳『オーガニゼーションズ [第2版]：現代組織論の原典』ダイヤモンド社, 2014年。)

Mintzberg, Henry (1973), *The Nature of Managerial Work*, Harper & Row. (奥村哲史・須貝栄訳『マネジャーの仕事』白桃書房, 1993年。)

Simon, Herbert A. (1997), *Administrative Behavior: A Study of Decision-Making Processes in Administrative Organization*, 4th ed. (Originally in 1945, 2nd ed. in 1957, 3rd ed. in 1976), Free Press. (二村敏子・桑田耕太郎・高尾義明・西脇暢子・高柳美香訳『新版・経営行動：経営組織における意思決定過程の研究』ダイヤモンド社, 2009年。)

Sloan, Jr., Alfred P. in collaboration with Sparkes, Boyden (1950), *Adventures of a White-Collar Man*, Doubleday.

Sloan, Jr., Alfred P. (1963), *My Years with General Motors*, Doubleday. (田中融二・狩野貞子・石川博友訳『GMとともに』ダイヤモンド社, 1967年；有賀裕子訳『GMとともに』ダイヤモンド社, 2003年。)

Williamson, Oliver E. (1975), *Markets and Hierarchies, Analysis and Antitrust Implications: A Study in the Economics of Internal Organization*, Free Press. (浅沼萬里・岩崎晃訳『市場と企業組織』日本評論社, 1980年。)

Williamson, Oliver E. (1990), "Chester Barnard and the incipient science of organization," in Williamson, Oliver E. (ed.), *Organization Theory: From Chester Barnard to the Present and Beyond*, Oxford University Press, pp. 172-206, chapter 8. (西岡健夫訳「チェスター・バーナードと初期組織科学」飯野春樹監訳『現代組織論とバーナード』文眞堂, 231-273頁, 第8章, 1997年。)

稲葉元吉 (1979),『経営行動論』丸善。

大森実 (1986),『デトロイト・モンスター』講談社。

岸田民樹 (1985),『経営組織と環境適応』三嶺書房 (白桃書房, 2006年)。

下川浩一 (2013),「書評 アルフレッド・P. スローン著ボイデン・スパークス協力『ホワイトカラーの冒険』」法政大学経営学会『経営志林』第50巻第1号, 112-127頁。

澤邉紀生 (1999),「会計制度分析へのExit-Voice論の拡張可能性について」九州大学『経済学研究』第66巻第4号, 277-296頁。

林徹 (2015),『協働の経営学』中央経済社。

山崎清 (1969),『GM (ゼネラル・モーターズ)：巨大企業の経営戦略』中央公論社。

12 顧客満足へ向けたサービス提供戦略と組織管理
――コンティンジェンシー・モデルの拡張と研究課題の提示――

木 田 世 界

I．はじめに：サービス業の特徴

　サービス業は，無形性，不可分性，変動性，同時性，消滅性といった特質を持つ（Norman 1984；Kotler and Scheff 1997）。つまり，形を持たず，サービス提供プロセスには顧客も不可分なものとして含まれ，需要の時間的な偏りが大きく，生産と消費が同時に行われ在庫できない性質を持っている。これらの特性から，サービスに関する組織の運営では，製造業で古くから指摘されてきたコスト，品質，柔軟性のトレードオフという問題（Abernathy and Wayne 1974）への対処は一層困難になると思われる。
　その一方で近年の日本社会における少子高齢化やサービス業者間の競争激化によって，コストを削減しつつ顧客のニーズに応じた質の高いサービスを提供し顧客の満足を得て顧客を維持する必要性はますます高まっていると言えよう。
　このような特質や課題を持つサービスのマネジメントに関して，大量生産ラインのような標準化によるオペレーション効率を重視したアプローチとエンパワーメントを通じた顧客へのカスタマイゼーションを重視したアプローチの2つが存在している（Bowen and Lawler 1992）。本稿ではこれら2つのアプローチ，両者を統合したアプローチとしてのリーン・サービス，両者の使い分け（コンティンジェンシー）を主張する研究について言及した上で，それぞれの限界について考察を行い，コンティンジェンシー・モデルの拡張とサービス・マネジメントにおける今後の研究課題の提案をしたい。

II. 生産ライン・アプローチ

　レビットは，いわゆる製造業・サービス業に関わらずあらゆる産業はサービスの要素を含んでおり，製造業・サービス業を完全に別のものと捉えるのは間違いと指摘し，製造における組織管理のサービスへの適用について考察している（Levitt 1972）。彼によれば，サービスという言葉からは個人的奉仕，慈愛，自己犠牲，服従といった言葉が連想され，その結果として，組織的なプロセスの改善やツールの利用によって根本的な問題を解決することが困難になると指摘している。

　続けてレビットは，マクドナルドなど生産ライン・アプローチをサービスに適用した事例を紹介し，「もし機械を，予測可能性のもと顧客を満足させる標準化製品を生み出す能力を持った装置，扱う人間の自由裁量を最小に抑える装置と捉えるならば，マクドナルドの店舗はまさに機械そのものである」（Levitt 1972, p. 46, 筆者訳）と指摘し，従業員の自由裁量は，秩序，標準化，品質に関する問題を生じさせてしまうと述べている。

III. エンパワーメント・アプローチ

　一方で，ノーマンはエンパワーメントを重視したアプローチを示している（Normann 1984）。ノーマンはサービス業において企業が持続的に高いパフォーマンスを上げるためには，①マクロの循環（評判や市場での地位向上とサービス・マネジメントシステムの間），②内部サービス循環（組織内部の従業員の間），③ミクロの循環（従業員と顧客の間）という3種類の好循環を起こす必要があると述べている。なお，これらの循環関係は後にサービス・プロフィット・チェーン（Heskett et al. 1994）としてモデル化されている。

　ノーマンは好循環を生み出し成功している企業は，人間の成長と生産に対する深く根付いた真の信頼をもとにした文化を持ち，監視・規則・マニュアルといった外的規制よりも，価値システムにより高い品質のサービスへ従業

員を動機付けることを重視していると述べている。

このようにノーマンは，サービスにおける顧客との相互作用の過程を重視し，規則よりも従業員自身の判断に基づく行動を推奨しその動機づけや成長を重視していることからエンパワーメント重視のアプローチと言える。

IV. 統合的アプローチ：リーン・サービス

生産ライン・アプローチとエンパワーメント・アプローチを統合したアプローチとして，リーン・サービス（Bowen and Youngdahl 1998；小菅・モディグ・オールストレム 2009）がある。リーン・サービスは，トヨタ生産方式に基づくリーン生産方式をサービスに応用したものであり，以下に説明する。

トヨタなど日本の自動車メーカーは世界の自動車産業で長年に渡って競争力を保ってきた。この競争力の源泉を日本社会に特有な文化的要因というよりも，国際的・他産業に広く適用可能な生産方式によるものだと捉える考え方が，リーン生産方式（Womack, Jones and Roos 1990）である。後にリーン生産方式は，リーン・シンキングとして製造業・サービス業の境界を越えて適用可能なものと捉え直された[2]（Womack and Jones 1996）。

リーン生産方式では，従業員が標準を逸脱した方法で作業を行うことは制限されていても，従業員のグループが QC サークルなどの活動を通して標準を規定することができ，生産ラインで問題が生じた場合には組み立て作業を行う従業員自身がラインを止める権限・責任を持っており，効率の追求とエンパワーメントが両立されている（Bowen and Youngdahl 1998）。

さらに，リーン生産方式をサービスに応用したものとして，リーン・サービス（Bowen and Youngdahl 1998；小菅・モディグ・オールストレム 2009）が提唱されている。ここでは，企業の日々の活動が定型的に繰り返されるルーティン・オペレーションと顧客のニーズに合わせて行う顧客接触オペレーションに分けられている。ルーティン・オペレーションでの標準化・見える化に基づく効率化により余剰労働力を生むことで，従業員が顧客接触オペレーションに専念して丁寧・柔軟に行なえるようになり，トレードオフ

すると考えられていた効率性と柔軟性を両立させ得るとされている。[3]

V．コンティンジェンシー・モデル

サービスにおけるエンパワーメント・アプローチと生産ライン・アプローチの活用に関しては，コンティンジェンシー・モデル[4]（Bowen and Lawler 1992）も示されている。

彼らによるとエンパワーメント・アプローチのメリットとして，従業員の満足と自己効力感の向上，顧客の要望やサービスの失敗時の素早い対応，従業員のアイデア活用が挙げられる。一方で，従業員の採用と研修に多大なコストがかかり，正社員化すれば固定費が増加し，サービスの質を保つことが難しく，顧客に不公平感を抱かれることがあり，従業員が誤った判断をする可能性もある。

ボーエンとローラーは，エンパワーメントが望ましいと思われる条件として下表のように，事業戦略，顧客との関係，技術，事業環境，人材という5つの条件があるとしている。生産ライン・アプローチの条件に近い場合，エンパワーメントを行うコストがエンパワーメントを行うメリットを上回ってしまうためエンパワーメントを行うのは不適切と指摘している。[5]

表1　ボーエンとローラーのコンティンジェンシー・モデル

条件	生産ライン・アプローチ		エンパワーメント・アプローチ
基本的な事業戦略	低コスト，高生産量	1 2 3 4 5	差別化，カスタム化，個別化
顧客との関係	事務的，短期的	1 2 3 4 5	長期的な関係の構築
技術	単純で，型通り	1 2 3 4 5	複雑で，その都度変化
事業環境	予測可能・意外性が少ない	1 2 3 4 5	予測不可能・意外性が多い
人材	X理論的管理者・従業員	1 2 3 4 5	Y理論的管理者・従業員

（出所）Bowen and Lawler (1992), p. 37 から引用，筆者訳。

Ⅵ. 考察1：各アプローチの限界

　以上では，サービス・マネジメントにはオペレーション効率を重視した生産ライン・アプローチと，顧客へのカスタマイゼーションを重視したエンパワーメント・アプローチの二者が存在していたこと，近年では2つのアプローチの特長を併せ持とうとする統合的アプローチとしてリーン・サービスや状況に応じた2つのアプローチの使い分けを示すコンティンジェンシー・モデルも出てきていることを指摘した。ここで，サービス業と製造業の異同性をそれぞれのアプローチがどう捉えていたのかを整理し，これらのアプローチに関してどのような限界があるか指摘したい。

　まず，エンパワーメント・アプローチは，サービス業は製造業と異なるという立場に立っていると言えよう。サービスの持つ無形性，不可分性，変動性，同時性といった特質に注目し，顧客との相互作用を重視するために従業員の裁量を大きくとる必要があるということである。ここではサービスは属人的な活動と捉えられがちであり，組織的にその活動を効率化していくことに限界があった。

　次に，生産ライン・アプローチはサービス業と製造業はどちらもモノと人間の行為の組み合せであるという共通性を見出し，製造業のアプローチをサービス業に応用することで効率の向上を図った。しかしレビットの生産ライン・アプローチは，変動性・異質性，ニーズの変動や多様性という特徴を持つサービスにおいて顧客を満足させることに限界を持つものと言えよう。

　リーン・サービスについて，そのもととなったトヨタ生産方式はサービス的特質を持つと言えよう。たとえば，ジャスト・イン・タイム方式のように在庫を持たないあるいは極限まで小さくするということは，サービスの消滅性つまり在庫が持てないという特徴に近似するものであると言えよう。

　一方で，サービスの持つ不可分性，つまり顧客との相互作用により生み出されるという性質に注目した時，リーン・サービスには一定の限界があると言えよう。リーン・サービスによるムダや不良の削減はたしかに，待ち時間や不適切なサービス提供を減らし「当たり前品質」（狩野ほか 1984）を向上

させられるであろう。しかし，ムダの削減がされたとしてもそこから「魅力的品質」（狩野ほか 1984）が確実に向上すると保証されるわけではなく，リーン・サービスを通してどのように「魅力的品質」が向上させられるかという方法やプロセスは明確でない[6]。特に，ノーマンが主張したような顧客と従業員の間の感情の好循環を作る上では，顧客の期待を超えるあるいは予想外のサービスをすることで「魅力的品質」に関する顧客満足を向上させ感謝やポジティブなフィードバックを得ることが必要となろう。

　次に，ボーエンとローラーのコンティンジェンシー・モデルについては，一口にサービス業といっても，その活動やそれを取り巻く諸環境は多様であるという前提に立っていると言えよう。ここで，コンティジェンシー・モデルからは，事務的で低価格なサービスを求める顧客をターゲットとする時には生産ライン・アプローチ，丁寧にニーズに合わせたサービスを受けたいと望む顧客をターゲットとする時はエンパワーメントを重視したアプローチが有効と思われる。しかし，サービスでは生産と消費が同じ時・場所で行われるため，あるサービス企業や支店にとって顧客を選ぶ，あるいは地域の顧客がサービス企業を選ぶ余地がないこともある。従業員に関しても，一部のサービス業界で人手不足が指摘される昨今では必ずしも戦略に適合した人材を得られるとは限らないであろう。以上のように，コンティンジェンシー・モデルにおける環境に応じてアプローチを選ぶべきという指摘そのものは否定し難いが，ローカルにおいて異なる志向性を持つ主体が居るという複層性を持つ環境では，サービスの持つ同時性という特質により，コンティンジェンシー・モデルによる顧客や従業員の満足度の向上には限界があろう。

Ⅶ．考察2：コンティンジェンシー・モデルの拡張と研究課題

　サービス・マネジメントのコンティンジェンシー・モデル（Bowen and Lawler 1992）はリーン・サービス（Bowen and Youngdahl 1998）の以前に提起されたため，リーン・サービスはコンティンジェンシー・モデルの中に位置づけられていない。コンティンジェンシーの視点からリーン・サービスが成立する条件を探った実証研究は殆ど存在せず今後の研究課題とされて

いる（Hadid and Mansouri 2014）ため試論的であるが，コンティンジェンシー・モデルで示された5つの視点，事業戦略，顧客との関係，技術，事業環境，人材という面でリーン・サービスはどのように位置づけられるか考察したい。

その後，より一般的なレベルでの環境と組織の関係という視点から，サービス・マネジメントにおける今後の研究課題について指摘したい。

1．各アプローチの前提

まず，各アプローチの特徴を簡潔に振り返る。Bowen and Lawler（1992）ではエンパワーメント・アプローチは，1.組織パフォーマンスの情報，2.組織パフォーマンスに連動した報酬，3.組織パフォーマンスを理解し貢献するための知識，4.組織の方向やパフォーマンスに影響する意思決定に関する権限の4点を組織の下層の従業員に分け与えることと捉えられている。そして生産ライン・アプローチの特徴は，1.タスクの単純化，2.明確な分業，3.設備やシステムによる人間の代替，4.従業員に与える自由裁量・権限を小さくすることと捉えられている。

ここで，それぞれのアプローチの前提を検討したい。エンパワーメント・アプローチは顧客に直に接する従業員こそが良いサービスを行うための知識やノウハウを持っているという前提に立つために，従業員に権限を与えつつ動機づけを高め任せるという発想をとる。一方で生産ライン・アプローチは計画と執行を分離し管理者が考えたことを従業員が実行するという手法であり，知識やノウハウは管理者が持っているという前提に立つと言える。

生産ライン・アプローチは科学的管理法に基づくものとされている（Bowen and Lawler 1992）。テーラーは労使の協調と相互繁栄を目指して科学的管理法を唱えたが，その手法は労働組合から大きな反発が受けたとされている（三戸 1985）。ここから，伝統的な生産ライン・アプローチに基づく実践では従業員の知識・能力の活用と動機付けが必ずしも十分になされていない面がありエンパワーメント重視の立場からの批判を招いたと言えよう。

リーン・サービスについて人間心理の側面からの研究はまだ十分になされていないが，その源流であるトヨタ生産方式については，ムダを省き価値あ

る作業に専念すること，小グループの自律的な改善活動，車の諸機能に対する各ラインの役割と責任の明確化などを通して従業員の動機づけにポジティブな効果があるとされている。また，従業員の多技能化や持ち替え時間の短縮を通して柔軟性を高めている（門田 2006）。ここから，リーン・サービスとは，効率性と柔軟性，人間性は並立可能なものという考え方を前提に持ち，その実現に向け従業員と管理者が協働する方法論の体系と言えよう。

2．コンティンジェンシー・モデルとリーン・サービス

ボーエンとローラーの枠組みで，リーン・サービスがどのような状況で有効と思われるか簡潔に言及したい。まず，基本的な事業戦略という点では，リーン・サービスはコストを削減しながらの多品種少量生産により顧客のニーズに合致した商品を生もうとするものであり，コスト・リーダーシップと差別化を同時に追求する戦略と言えよう。

第二に顧客との関係では，リーン・サービスではサービスの向上のために顧客を巻き込むこと，たとえばサウスウエスト航空では頻繁に利用する顧客が従業員採用の面接に参加するなどが行われており，顧客と長期的に関係を深めていく中で実現されうるものと思われる。

第三に技術という要因がある。技術的な理由で標準に従いルーティン的に仕事を進めざるを得ないような業種・業態ではエンパワーメントは難しいとされている。この点に関して，標準の改訂や顧客接触オペレーションに限定して権限や自由裁量を与えるリーン・サービスはルーティン的に仕事を進めざるを得ないような業種・業態でも適用可能と思われる。

第四に事業環境という面では，リーン・サービスは従業員の多技能化等を通して需要変動に対する柔軟性を高めようとするものであり，予測不可能性が高い環境でこそ競争優位に繋がりやすいと思われる。第五に人材という面では，自発的な改善活動を重視することからY理論的な従業員と適合しているように思われるが，改善活動が制度化されていることや同調圧力の可能性などからX理論的な要素も含まれていると思われる。

以上のようにリーン・サービスは暫定的には，顧客との長期的な関係，予測困難な環境が存在する業界や業態で，コスト・リーダーシップと差別化を

両立する事業戦略を取る企業，（ある程度 X 理論的な志向を持つとしても）基本的には Y 理論的な志向を持つ人材がいる場合に適合すると思われ，技術的な理由でルーティンな作業が多い業界でも適用可能と思われる。

　ボーエンとローラーのコンティンジェンシー・モデルでは，効率性を重視する生産ライン・アプローチと柔軟性や動機づけ・従業員の能力活用など働きがいを重視するエンパワーメント・アプローチは一つの数直線上の対極として書かれているが，リーン・サービスの根底の考え方に注目すれば，効率性と柔軟性，働きがいは並立可能なものであり，数直線上の対極というよりもそれぞれ独立した軸として考え得るものと言える。特に顧客へのサービス提供という面では高いレベルの効率性と柔軟性を両立し価格やサービスの内容に関する様々な志向性を持つ顧客を満足させることが重要と考えられる。

　また，生産ライン・アプローチやエンパワーメント・アプローチの具体的な特徴として分業方法，権限の配分，情報の流れや報酬制度等といった諸要素が挙げられている。たとえば官僚制における手順の公式化も仕事を円滑にし従業員にポジティブに受け入れられ得るという Enabling Bureaucracy (Adler and Borys 1996) の議論のように，これらの諸要素をどのような目的のもとどう組み合わせるかには多様な可能性がある。リーン・サービスにおけるタスクの単純化と多技能化，標準の設定と改善活動の推進などの手法はその組み合わせの一例と言えよう。昨今，グローバル化とローカル化が主張されサービス企業が多様で複層性を持つ環境に対応するにあたり，原型であるがゆえにある意味両極端である生産ライン・アプローチやエンパワーメント・アプローチには限界があると思われる。リーン・サービスという選択肢も含めコンティンジェンシー・モデルを考えることが必要となろう。

　また，組織と環境というテーマはサービス・マネジメントに限らず長年に渡って議論されてきたテーマである。エンパワーメントを組織設計上の概念として広く捉えるならば，エンパワーメントの概念は有機的組織の概念と重なってくるであろう。環境の変化が激しい状況では有機的組織が，安定的な環境では機械的組織が適切とされており (Burns and Stalker 1961) この見方はコンティンジェンシー理論として発展してきたが，コンティンジェンシー理論は環境決定的な考え方であり，環境を創り出す見方によって補完さ

れるべきものである（岸田 1999）。サービス・マネジメントにおいても，人間が組織を通し環境へ働きかける作用に注目した研究が求められよう。

Ⅷ．結論

以上では，オペレーション効率を重視した生産ライン・アプローチと，顧客へのカスタマイゼーションと従業員の能力活用を重視したエンパワーメント・アプローチ，統合的アプローチとしてのリーン・サービス，コンティンジェンシー・モデルという流れでレビューを行った上で，各論者がサービスと製造の異同性をどう捉えているかという点からそれぞれの限界を指摘し，コンティンジェンシー・モデルにおいてリーン・サービスを位置づけ，効率性と柔軟性は対極にあるというよりも別の次元として両立し得ることを示し，価格やサービス内容について異なる志向性を持つ顧客を満足させる可能性について言及した。また，そのモデルを発展させていく上で環境に働きかける視点の重要性について指摘した。

本稿の限界としてIOT等の新技術により製造とサービスの間の異同性や関係性がどのように変わっていくのかという点や，製造業におけるリーン生産方式以外の新方式，たとえばセル生産方式などがサービスに応用できるのかは言及できなかった。これらの点に関しても今後の課題としたい。

注
1) 経営におけるエンパワーメントには3つの側面があるとされている（Mohrman 1997）。1つは心理学的概念であり，自分の行動は他者にとっても意味がある，自分は自分の人生をコントロールできるという感覚であり，自己効力感や自信と関連する概念である。第2は社会学的概念であり，マネジメント側が個々人に自らが環境に対して影響できるように計らうことであり，参加的意思決定や権限委譲等，上司-部下間の関係のあり方に関するものと言える。3点目は組織設計上の概念であり，心理的にエンパワーメントされやすいような環境を整えること，例えば情報のフローやビジョン・ミッションの伝達など組織の課題に関わるものである。
2) リーン・シンキングの原則として，1. 顧客の視点に基づく価値の定義，2. 定義された価値に基づく流れの設計，3. スムーズな価値の流れづくり，4. プル・メカニズムの使用（後工程引き取り，後補充方式）5. ムダが全く無いという完全性の追求が挙げられた。なお，リーン・シンキングは製造とサービスを超えて通用するものとされており，リーン生産方式は製造業，リーン・サービスはサービス業を対象とするものである。
3) たとえば，自動車販売会社の事例（小菅・モディグ・オールストレム 2009）では，従来は

車を引き取り個々のエンジニアが属人的な方法で車検を行っていたが，引取りを必要とせず素早く車検を終わらせて欲しいというニーズを捉え，顧客に来店してもらう3人のエンジニアのチームが標準化された方法で作業をすることで45分で車検を終わらせることとした。結果的に，顧客に対し納期を明示できるようになり，スケジュールの空きが明確化されたため突然の来店客への対応も行いやすくなった。このようにリーン・サービスは効率性と顧客の多様なニーズに合わせた対応を両立するものとされている。

4) 本稿においては「アプローチ」とは経営における実践上の手法を表し「モデル」は複数の要因や手法がいかなる結果や効果をもたらすかを示す図式を意味すると捉えており，ボーエンとローラーの論はそれぞれの手法がどのような結果をもたらすか実証的な検討は更に必要と思われるが「モデル」になり得るものと考えた。

5) Bowen and Lawler (1995) でも同様のコンティンジェンシー・モデルが示されているが，生産ライン・アプローチは，サービスに限らずより一般的な視点では，テーラーの科学的管理法やウェーバーの官僚制などコントロールを重視したアプローチに基づくものであるという指摘がなされている。

6) 顧客満足は「当たり前品質要素」つまり「それが充足されれば当たり前と受けとられるが，不充足であれば不満を引き起こす品質要素」と「魅力的品質要素」つまり「それが充足されれば満足を与えるが，不充足であっても仕方ないと受け取られる品質要素」との二軸で捉えることができる（狩野ほか 1984，41 頁）。

参考文献

Abernathy, W. and Wayne, K. (1974), "Limits of the Learning Curve," *Harvard Business Review*, Vol. 52, No. 5, pp. 109-119.

Adler, P. S. and Borys, B. (1996), "Two Types of Bureaucracy: Enabling and Coercive." *Administrative Science Quarterly*, Vol. 41, No. 1, pp. 61-89.

Bowen, D. E. and Lawler III, E. E. (1992), "The Empowerment of Service Workers: What, Why, How, and When," *MIT Sloan Management Review*, Vol. 33, No. 3, pp. 31-39.

Bowen, D. E. and Lawler III, E. E. (1995), "Organising for Service: Empowerment or Production Line?" in Glynn, W. J. and Barnes, J. G. eds, *Understanding Services Management*, pp. 269-294.

Bowen, D. E. and Youngdahl, W. E. (1998), ""Lean" Service: in Defense of a Production-line Approach," *International Journal of Service Industry Management*, Vol. 9, No. 3, pp. 207-225.

Burns, T. and Stalker, G. M. (1961), *The Management of Innovation*, Tavistock Publications.

Hadid, W. and Mansouri, A. S. (2014), "The Lean-performance Relationship in Services: a Theoretical Model," *International Journal of Operations & Production Management*, Vol. 34, No. 6, pp. 750-785.

Heskett, J. L., Jones, T. O., Loveman, G. W., Sasser, W. E. and Schlesinger, L. A. (1994), "Putting the Service Profit Chain to Work," *Harvard Business Review*, Vol. 72, No. 2, pp. 164-174.

Kotler, P. and Scheff, J. (1997), *Standing Room Only: Strategies for Marketing the Performing Arts*, Harvard Business Press.

Levitt, T. (1972), "Production-line Approach to Service," *Harvard Business Review*, Vol. 50, No. 5, pp. 41-52.

Mohrman, S. A. (1997), "Empowerment: There Is More to It Than Meets the Eye," in Ginnodo, B. ed., *The Power of Empowerment: What the Experts Say and 16 Actionable Case Studies*, Pride Publications, pp. 15-23.

Normann, R. (1984), *Service Management: Strategy and Leadership in Service Businesses*, John Wiley & Sons Ltd.

Womack, J. P., Jones, D. T. and Roos, D. (1990), *The Machine That Changed the World*, Rawson Associates.（沢田博訳『リーン生産方式が，世界の自動車産業をこう変える』経済界，1990年。）

Womack, J. P. and Jones, D. T. (1996), *Lean Thinking: Banish Waste and Create Wealth in Your Organization*, Simon and Shuster.（稲垣公夫訳『リーン・シンキング』日経BP社，2003年。）

狩野紀昭・瀬楽信彦・高橋文夫・辻新一 (1984),「魅力的品質と当り前品質」『品質』第14巻2号, 147-156頁。

岸田民樹 (1999),「状況適合理論 (Contingency Theory)」経営学史学会編『経営理論の変遷──経営学史研究の意義と課題──（経営学史学会年報 第6輯）』文眞堂, 91-106頁。

小菅竜介, モディグ・ニクルス, オールストレム・パール (2009),「リーン・サービスのロジック」『組織科学』第42巻4号, 50-61頁。

三戸公 (1985),『現代の学としての経営学』講談社学術文庫。

門田安弘 (2006),『トヨタ プロダクションシステム──その理論と体系──』ダイヤモンド社。

第IV部
文　　献

ここに掲載の文献一覧は,第Ⅱ部の統一論題論文執筆者が各自のテーマの基本文献としてリストアップしたものを,年報編集委員会の責任において集約したものである。

1　経営学に未来はあるか？——経営学史研究の果たす役割——

外国語文献
1. Taylor, F. W. (1911), *The Principles of Scientific Management*, Harper.（上野陽一郎訳編『科学的管理法』産業能率短期大学出版部，1969 年。）
2. Wallerstein, I. (1991), *Unthinking Social Science: The Limits of Nineteenth-Century Paradigms*, Temple University Press.（本多健吉・高橋章監訳『脱＝社会科学——19 世紀パラダイムの限界——』藤原書店，1993 年。）
3. Weber, M. (1920), Die Protestantische Ethik und der 'Geist' des Kapitalismus, Weber, M., *Gesammelte Aufsätze zur Religionssoziologie*, Bd. I, Tübingen.（大塚久雄訳『プロテスタンティズムの倫理と資本主義の精神』岩波書店，1989 年。）
4. Wren, D. A. (1994), *The Evolution of Management Thoughts*, 4th ed., John Wiley & Sons.（佐々木恒男監訳『マネジメント思想の進化』文眞堂，2003 年。）

日本語文献
1. 内田樹編著 (2015),『日本の反知性主義』晶文社。
2. 上林憲雄編著 (2013),『変貌する日本型経営——グローバル市場主義の進展と日本企業——』中央経済社。
3. 経営学史学会編 (2015),『現代経営学の潮流と限界——これからの経営学——(経営学史学会年報 第 22 輯)』文眞堂。
4. 経営学史学会編 (2017),『経営学史研究の興亡（経営学史学会年報 第 24 輯）』文眞堂。
5. 経営学史学会編 (2018),『経営学史研究の挑戦（経営学史学会年報 第 25 輯）』文眞堂。
6. 竹田青嗣 (1993),『自分を知るための哲学入門』筑摩書房。
7. 日本経営学会編 (2017),『日本経営学会史——創設 51 周年から 90 周年まで——』千倉書房。
8. 吉見俊哉 (2016),『「文系学部廃止」の衝撃』集英社。

2　経営学史と解釈学

外国語文献

1. Barnard, C. I. (1938, 1968), *The Functions of the Executives*, Harvard University Press.（山本安次郎・田杉競・飯野春樹訳『新訳 経営者の役割』ダイヤモンド社，1968年。）
2. Follett, M. P. (1918), *The New State: Group Organization the Solution of Popular Government*, Longmans, Green and Co.（三戸公監訳／榎本世彦・高澤十四久・上田鷲訳『新しい国家――民主的政治の解決としての集団組織論――』文眞堂，1993年。）
3. Follett, M. P. (1924), *Creative Experience*, Longmans, Green and Co.（三戸公監訳／齋藤貞之・西村香織・山下剛訳『創造的経験』文眞堂，2017年。）
4. Metcalf, H. C. and Urwick, L. (1940), *Dynamic Administration: the Collected papers of Mary Parker Follett*, Bath Management Trust.（米田清貴・三戸公訳『組織行動の原理（新装版）』未来社，1997年。）
5. Whitehead, A. N. (1925, 1967), *Science and the Modern World*, The Macmillan Company.（上田泰治・村上至孝訳『科学と近代世界』松籟社，1981年。）
6. Whitehead, A. N. (1929, 1978), *Process and Reality*, The Macmillan Company.（山本誠作訳『過程と実在』松籟社，1984年。）

日本語文献

1. 経営学史学会監修／三井泉編著（2012），『フォレット（経営学史叢書Ⅳ）』文眞堂。
2. 野家啓一（1993），『科学の解釈学』新曜社。
3. 三井泉（2009），『社会ネットワーキング論の源流――M. P. フォレットの思想――』文眞堂。
4. 三戸公（2002），『管理とは何か――テイラー，フォレット，バーナード，ドラッカーを超えて――』文眞堂。
5. 村田晴夫（1984），『管理の哲学――個と全体・その方法と意味――』文眞堂。

3　文明と経営──経営学史研究と経営学の未来──

外国語文献
1　Barnard, C. I. (1938), *The Functions of the Executive*, Harvard University Press.（山本安次郎・田杉競・飯野春樹訳『新訳 経営者の役割』ダイヤモンド社, 1968年。）
2　Follett, M. P. (1924), *Creative Experience*, Longmans, Green and Co.（三戸公監訳／斎藤貞之・西村香織・山下剛訳『創造的経験』文眞堂, 2017年。）
3　Veblen, T. (1904), *The Theory of Business Enterprise*, The New American Library, Cosimo. Inc.（小原敬士訳『企業の理論』勁草書房, 1965年。）
4　Whitehead, A. N. (1925), *Science and the Modern World*, The Free Press, Macmillan.（上田泰治・村上至孝訳『科学と近代世界』松籟社, 1981年。）
5　Whitehead, A. N. (1933), *Adventures of Ideas*, The Free Press, Macmillan.（山本誠作・菱木政晴訳『観念の冒険』松籟社, 1982年。）

日本語文献
1　小笠原英司 (2004),『経営哲学研究序説──経営学的経営哲学の構想──』文眞堂。
2　高島善哉・水田洋・平田清明 (1962),『社会思想史概論』岩波書店。
3　高島善哉 (1975),『マルクスとヴェーバー──人間, 社会および認識の方法──』紀伊國屋書店。
4　田中裕・他 (1995),『ホワイトヘッドと文明論』行路社。
5　庭本佳和 (2006),『バーナード経営学の展開──意味と生命を求めて──』文眞堂。
6　三戸公 (1977),『人間の学としての経営学』産業能率大学出版部。
7　三戸公 (2011),『ドラッカー, その思想』文眞堂。
8　村田晴夫 (1984),『管理の哲学』文眞堂。
9　村田晴夫 (1990),『情報とシステムの哲学』文眞堂。
10　藻利重隆 (1973),『経営学の基礎（新訂版）』森山書店。
11　山本安次郎・加藤勝康編著 (1982),『経営学原論』文眞堂。

4　先端的経営研究分析による学史研究の貢献
　　──方法論的論究の意義──

外国語文献
1　Lakatos, I. and Musgrave, A. (eds.) (1970), *Criticism and the Growth of Knowledge*, Cambridge Uni. Press.（森博監訳『批判と知識の成長』木鐸社，1985年。）
2　Merton, R. K. (1967), *On Theoretical Sociology: Five Essays, Old and New*, Glencoe, Illinois: The Free Press.（森東吾他訳『社会理論と機能分析』青木書店，1969年。）
3　Popper, K. R. (1957), *The Poverty of Historicism*, Routledge & Kegan Paul.（久野収・市井三郎訳『歴史主義の貧困──社会科学の方法と実践──』中央公論社，1961年。）

8　経営学の未来と方法論的課題──シンポジウムを顧みて──

外国語文献
1　Caldwell, B. J. (1982), *Beyond Positivism: Economic Methodology in the Twentieth Century*, Allen & Unwin.（堀田一善・渡部直樹監訳『実証主義を越えて──20世紀経済科学方法論──』中央経済社，1989年。）
2　Drucker, P. F. (1957), *The Landmarks of Tomorrow*, Heinemann.（現代経営研究会訳『変貌する産業社会』ダイヤモンド社，1959年。）
3　Koontz, H. (ed.) (1964), *Toward a Unified Theory of Management*, McGraw-Hill（鈴木英寿訳『経営の統一理論』ダイヤモンド社，1968年。）
4　Putnam, H. (2002), *The Collapse of the Fact/Value Dichotomy*, Harvard University Press.（藤田晋吾・中村正利訳『事実／価値二分法の崩壊』法政大学出版局，2006，2011年。）
5　Schanz, G. (2014), *Eine kurze Geschichte der Betriebswirtscaftslehre*, UVK.（深山明監訳／関野賢・小澤優子・柴田明訳『経営経済学の歴史』中央経済社，2018年。）

日本語文献
1　経営学史学会編（2012），『経営学史事典［第2版］』文眞堂。
2　馬場敬治著／組織学会編集（1988），『馬場敬治博士遺作集』東京大学出版会製作，非売品。
3　高宮晋編（1962, 1970），『体系 経営学辞典』ダイヤモンド社。
4　山本安次郎（1971），『経営学本質論 第四版』森山書店。
5　山本安次郎（1975），『経営学研究方法論』丸善出版。

第Ⅴ部
資　料

経営学史学会第26回全国大会実行委員長挨拶

上 林 憲 雄

　経営学史学会第26回全国大会は，神戸大学を主催校として2018年5月18日から20日までの3日間にわたり開催されました。

　当学会の全国大会が国立大学で開催されましたのは，第2回大会（1994年）での滋賀大学以来，実に24年ぶりのことでした。ご承知の通り，国立大学では法人化以降の諸改革の中で，予算や教室利用などさまざまな面での制約が増し，果たして会員各位にご満足いただける大会運営ができるかどうか，大会前は不安でいっぱいでしたが，いざ蓋を開けてみますと，天候にも恵まれ，当初予測を大きく上回る130名もの皆様に（非会員の皆様も含み）ご参加を頂きまして，大会実行委員長としてホッと胸をなでおろしております。

　本大会の統一論題は，「経営学の未来――経営学史研究の現代的意義を問う――」でした。これまでの大会は，過去の経営学の歴史や学説に焦点があてられることが多かったのですが，本大会はこれまでと少し趣向を変え，むしろ来るべき未来を見据えて議論しようという趣旨の下で設定されたテーマでした。経営学という学問の過去の歴史を踏まえ，経営学史研究の果たす現代的意義を考察しながら，これからの経営学の在りようについて会員各位と真摯に議論する場を持ちたいという気持ちで，こうしたテーマを運営委員会に提案させて頂きました。

　今大会の大きな特徴の1つは，統一論題にサブテーマが設定されなかったことです。趣意文にも書かれております通り，「経営学の未来」を構想するという重要なテーマの意味を最大限に活かすべく，個別の問題設定を極力回避し，報告者自身の斬新な切り口で現代の経営をめぐる問題状況を把握し，未来へ向けた「経営学の構想」を示してもらうという意図が，そこには込められておりました。

　また，大会3日目には，報告者や討論者が会員各位とともに経営学のこれ

からの在りようを議論するための「シンポジウム」の場が設けられました。これからの新しい時代へ向けた経営学を切り拓き，学術としての経営学の今後のさらなる発展を展望できる契機になればと願って設けられたものですが，私の知る限り，統一論題の討議がシンポジウム形式で行われましたのは，当学会においては初の試みではなかったかと思います。

統一論題セッションは，杉田博会員，村田晴夫会員，丹沢安治会員の3氏からご報告を頂きましたが，いずれも独創性が高く熱のこもったご報告で，討論者の討論やフロアからの質疑，司会者の見事な捌きなどで，シンポジウムも含め，大いに議論が盛り上がりました。

ただ，基調報告者（上林）が「現状のままでは経営学に明るい未来はない！」とやや挑発的に呼びかけ，これまでの経営学史を踏まえて未来の経営学の在り方について議論するきっかけを作ろうと試みたのですが，この論点に対する反応は，肯定論にせよ反論にせよ，ほとんど出されることはありませんでした。したがって，この論点に関しては今後に課題を残すものであったように感じております。基調報告での問いかけそれ自体がやや曖昧だったのではないか，もっと具体化し議論しやすい形で問題提起すべきであったのではと反省しております。

また，自由論題セッションにおきましても6本の意義深い研究報告がなされ，活発な質疑が展開されました。自由論題の報告者とチェアパーソンをお務め下さいました先生方，および統一論題セッションでの報告者，司会者，討論者をお務め下さいました先生方に，厚く御礼申し上げる次第です。

なお，第26回全国大会は，経営学史学会と神戸大学大学院経営学研究科（経営学部）との「共催」で開催させて頂きました（これも当学会では初めてのことではなかったかと思量いたします）。我が国で最初に設立された経営学部という歴史を踏まえ，新たな企画として，大会2日目に「歴史探訪ミニツアー」を設定させて頂き，加えて経営学の歴史のひとこまがわかる「特別展示室」も大会2〜3日目に設置させて頂きました。

歴史探訪ミニツアーにおきましては，本学准教授で経営史専攻の平野恭平先生の解説付きで経営学の所縁の建物や石碑などを回らせて頂き，特別展示室では本学名誉教授の先生方の卒業論文のほか，我が国における経営学の生

成期の情況がわかる史料なども一部展示させて頂き，参加各位に手に取ってご覧いただけるように配置いたしました。大会終了後にもご丁寧にご感想をお寄せ下さった参加者も居られ，いずれの企画も大きな反響があり，それなりにご好評を頂けたのではないかと感じております。

　ただ，大会2日目には，大会実行委員長の不手際により，一部の当日参加者に会場受付で予稿集をお渡しすることができず，大変なご迷惑をおかけしてしまいました。この場をお借りしてお詫び申し上げます。誠に申し訳ございませんでした。

　末筆になりましたが，第26回大会を盛会裡に，何とか無事に終えることができましたのは，経営学史学会第9期理事長の勝部伸夫先生および学会運営委員会や理事会の先生方からの，また前理事長の吉原正彦先生をはじめ経験豊富な諸先輩方からのお力添えの賜物であると感謝いたしております。

　2019年5月に北海学園大学におきまして開催されます第27回全国大会も，ますます盛会で，経営学史研究および経営学の発展にとってさらに実り多き大会となりますことを祈念いたしまして，第26回大会実行委員長の衷心からの御礼のご挨拶とさせて頂きます。ありがとうございました。

第26回全国大会を振り返って

庭 本 佳 子

　経営学史学会第26回全国大会は，2018年5月18日（金）から20日（日）まで，神戸大学において開催された。

　今大会の統一論題は「経営学の未来——経営学史研究の現代的意義を問う——」であり，経営学という学問のこれまでの歴史を踏まえ，未来へ向けた「経営学の構想」が探られることとなった。今大会は，大会初めての試みとしてサブテーマを設定せずに統一論題を行い，続けてシンポジウムを通して議論を展開するという方法がとられた。

　まず，大会実行委員長・上林憲雄会員より開会の辞が述べられた。続いて同会員による基調報告「経営学に未来はあるか？——経営学史研究の果たす役割——」が行われ，グローバル市場主義が組織や制度を侵食し学術としての経営学研究が危機にあるという問題意識が示された。

　初日の統一論題報告では，杉田博会員による「経営学史と解釈学」と題する報告，村田晴夫会員による「文明と経営——経営学史研究と経営学の未来——」と題する報告，丹沢安治会員による「先端的経営研究への学史研究の貢献——方法論的論究の意義——」と題する報告が行われ，それぞれ解釈学，企業文明，方法論的検討から経営学史研究の現状と今後の経営学史研究に必要な視点が示された。

　2日目に開催されたシンポジウムでは，報告者や討論者によって，経営学史研究の果たす現代的意義と経営学のこれからの在りように関する議論が深められていった。一連の議論を通じて，これまでの経営学史研究の強固な基盤に拠りながらも，今日の社会状況から照射して各学説理論を意味づけていくという方向性が示された大会となった。

　自由論題報告については，3会場において計6名の報告がなされた。各報告者から意欲的な研究成果が発表され，いずれの会場においても活発な質疑応答が交わされた。

会員総会では2017年度の活動報告と収支決算報告があり，そのあと2018年度の活動計画と収支予算案が説明され承認された。また，経営学史学会30周年記念事業に向けた検討委員会の設立が提案され承認された。なお，次回第27回全国大会について北海学園大学での開催が決定したことが報告され，開催校を代表して石嶋芳臣会員から挨拶があった。
　今大会は，神戸大学大学院経営学研究科との共催の下，「歴史探訪ミニツアー」や経営学の歴史資料を展示した「特別展示室」の設置など新たな企画も盛り込まれていた。
　最後になりましたが，上林憲雄大会実行委員長をはじめ，多くのスタッフのご協力，そして大会期間中の会員諸先生方のご協力を頂きまして，今大会が実り多きものとなりましたこと，開催校の実行委員として改めて衷心より御礼申し上げます。有難うございました。
　なお第26回全国大会のプログラムは次のとおりである。

　　2018年5月19日（土）
【開会・基調報告】（本館1階102教室）
　　10：30～11：05　開会の辞：第26回全国大会実行委員長　上林憲雄（神戸大学）
　　　　　　　　　　基調報告：上林憲雄（神戸大学）
　　　　　　　　　　論　題：「経営学に未来はあるか？——経営学史研究の果たす役割——」
　　　　　　　　　　司会者：勝部伸夫（専修大学・経営学史学会理事長）
【統一論題】（本館1階102教室：報告30分，討論20分，質疑応答30分）
　　11：10～12：30　第一報告
　　　　　　　　　　報告者：杉田　博（石巻専修大学）
　　　　　　　　　　論　題：「経営学史と解釈学」
　　　　　　　　　　討論者：藤井一弘（青森公立大学）
　　　　　　　　　　司会者：河辺　純（大阪商業大学）
　　13：25～14：45　第二報告
　　　　　　　　　　報告者：村田晴夫（桃山学院大学）

　　　　　　　　　　論　題：「文明と経営――経営学史研究と経営学の未
　　　　　　　　　　　　　　来――」
　　　　　　　　　　討論者：三戸　浩（長崎県立大学）
　　　　　　　　　　司会者：三井　泉（日本大学）
　　14：55～16：15　第三報告
　　　　　　　　　　報告者：丹沢安治（中央大学）
　　　　　　　　　　論　題：「先端的経営研究への学史研究の貢献――方法論
　　　　　　　　　　　　　　的論究の意義――」
　　　　　　　　　　討論者：髙橋公夫（関東学院大学）
　　　　　　　　　　司会者：渡辺敏雄（関西学院大学）
【会員総会】（本館1階102教室）
　16：20～17：20
【経営学歴史探訪ミニツアー】引率・解説：平野恭平（神戸大学）
　17：25～18：00
【懇親会】（ホテル北野プラザ六甲荘）
　18：40～20：40

　　2018年5月20日（日）
【自由論題】（報告25分，質疑応答30分）
A会場（2階・208教室）
　9：30～10：25　報告者：高木孝紀（豊橋創造大学）
　　　　　　　　　　「組織論におけるマルチパラダイムの構築」
　　　　　　　　　チェアパーソン：宇田川元一（埼玉大学）
　10：35～11：30　報告者：高山　直（神戸大学大学院）
　　　　　　　　　　「批判的経営研究の空間論的展開――G. Burrell と K.
　　　　　　　　　　Dale の社会的物質性概念を手掛かりに――」
　　　　　　　　　チェアパーソン：坂本雅則（龍谷大学）
B会場（2階・210教室）
　9：30～10：25　報告者：桑田敬太郎（神戸大学大学院）
　　　　　　　　　　「リニア・モデルはなぜ必要だったのか――ブッシュ・

　　　　　　　　　　レポートの学史研究——」
　　　　　　　　チェアパーソン：藤沼　司（青森公立大学）
　　10：35〜11：30　報告者：林　徹（長崎大学）
　　　　　　　　「離脱，発言，および組織の重心——1920年前後における GM 社の一考察——」
　　　　　　　　チェアパーソン：山縣正幸（近畿大学）
C 会場（2階・212教室）
　　9：30〜10：25　報告者：木田世界（横浜国立大学大学院）
　　　　　　　　「サービスの提供におけるリーダーシップと顧客満足度の関係への考察」
　　　　　　　　チェアパーソン：大平義隆（北海学園大学）
　　10：35〜11：30　報告者：福徳貴朗（上智大学大学院）
　　　　　　　　「ファミリー企業の経営目的に関する考察——ファミリー企業研究の歴史と課題から——」
　　　　　　　　チェアパーソン：松田　健（駒澤大学）

【シンポジウム】（本館1階102教室，3時間）
　　12：30〜15：30　司会進行：片岡信之（龍谷大学）
　　　　　　　　基調報告：上林憲雄（神戸大学）
　　　　　　　　報告者：村田晴夫（桃山学院大学）
　　　　　　　　討論者：三戸　浩（長崎県立大学）
　　　　　　　　報告者：丹沢安治（中央大学）
　　　　　　　　討論者：高橋公夫（関東学院大学）
　　　　　　　　報告者：杉田　博（石巻専修大学）
　　　　　　　　討論者：藤井一弘（青森公立大学）

【大会総括・閉会】（本館1階102教室）
　　15：35〜15：55　大会総括：経営学史学会理事長　勝部伸夫（専修大学）
　　　　　　　　閉会の辞：第26回全国大会実行委員会　松嶋　登（神戸大学）・庭本佳子（神戸大学）

執筆者紹介（執筆順，肩書には大会後の変化が反映されている）

上林　憲雄（かんばやし　のりお）（神戸大学大学院経営学研究科教授）
　　主著『異文化の情報技術システム――技術の組織的利用形態に関する日英比較――』千倉書房，2001 年
　　　　『変貌する日本型経営――グローバル市場主義の進展と日本企業――』（編著）中央経済社，2013 年

杉田　博（すぎた　ひろし）（石巻専修大学経営学部教授）
　　主要論文「フォレットの生涯とその時代」経営学史学会監修／三井泉編著『フォレット（経営学史叢書Ⅳ）』文眞堂，2012 年
　　　　「M. P. フォレットの世界観――その物語性の哲学的基礎――」経営学史学会編『経営学史研究の興亡（経営学史学会年報 第 24 輯）』文眞堂，2017 年

村田　晴夫（むらた　はるお）（桃山学院大学名誉教授）
　　主著『管理の哲学――全体と個・その方法と意味――』文眞堂，1984 年
　　　　『情報とシステムの哲学――現代批判の視点――』文眞堂，1990 年

丹沢　安治（たんざわ　やすはる）（中央大学戦略経営研究科教授）
　　主著『日中オフショアビジネスの展開』（編著）同友館，2014 年
　　主要論文「ミャンマーにおける日系公的機関・半官半民機関そして民間企業によるメガストラテジーの展開」『中央大学政策文化総合研究所年報』中央大学政策文化総合研究所，2018 年

藤井　一弘（ふじい　かずひろ）（青森公立大学教授）
　　主著『バーナード（経営学史叢書Ⅵ）』（編著），文眞堂，2011 年
　　主要論文「『歴史学的視点から見た経営学史』試考」経営学史学会編『経営学史研究の興亡（経営学史学会年報 第 24 輯）』文眞堂，2017 年

三戸　浩（みと　ひろし）（長崎県立大学教授）
　　主著『日本大企業の所有構造――産業会社・銀行・保険会社の実証研究――』文眞堂，1983 年
　　　　『バーリ＝ミーンズ（経営学史叢書Ⅴ）』（編著）文眞堂，2014 年

執筆者紹介

高橋　公夫（関東学院大学経営学部教授）
　　主要論文「経済学を超える経営学――経営学構想力の可能性――」『経営学の再生――経営学に何ができるか――（経営学史学会年報 第21輯）』文眞堂，2014年
　　「現代資本主義と株式会社――個別資本の3循環と企業統治――」『株式会社の本質を問う――21世紀の企業像――（経営学論集 第86集）』千倉書房，2016年

片岡　信之（龍谷大学名誉教授）
　　主著『日本経営学史序説』文眞堂，1990年
　　『現代企業の所有と支配』白桃書房，1992年

髙木　孝紀（豊橋創造大学経営学部准教授）
　　主要論文「組織の自律性と秩序形成の原理」経営学史学会編『経営学の思想と方法（経営学史学会年報 第19輯）』文眞堂，2012年
　　「組織と階層」岸田民樹編著『組織学への道』文眞堂，2014年

桑田　敬太郎（神戸大学大学院経営学研究科博士課程後期課程）
　　主要論文「MOTのリサーチ・フロントとしての社会物質性――MOTの学説研究を通じた検討――」『神戸大学大学院経営学研究科修士論文』2016年
　　「イノベーション・エコシステムのデザイン」『季刊ビジネス・インサイト』第25巻第4号（共著），2017年

林　　　徹（長崎大学経済学部教授）
　　主著『協働の経営学』中央経済社，2015年
　　『モノポリーで学ぶビジネスの基礎（第2版）』中央経済社，2019年

木田　世界（横浜国立大学大学院国際社会科学府博士課程後期）
　　主要論文「従業員と顧客間の態度の同質性と異質性に関する研究整理――組織論とサービス・マネジメント論の視点から――」『横浜国際社会科学研究』第22巻4号，2018年
　　「自動車販売店舗における従業員満足度と顧客満足度の関係の試験的実証研究」『日本経営倫理学会誌』第25巻，2018年

経営学史学会年報掲載論文（自由論題）審査規定

1　本審査規定は本学会の年次大会での自由論題報告を条件にした論文原稿を対象とする。
2　編集委員会による形式審査
　原稿が著しく規定に反している場合，編集委員会の責任において却下することができる。
3　査読委員の選定
　査読委員は，原稿の内容から判断して適当と思われる会員2名に地域的バランスも考慮して，編集委員会が委嘱する。なお，大会当日の当該報告のチェアパーソンには査読委員を委嘱しない。また会員に適切な査読委員を得られない場合，会員外に査読委員を委嘱することができる。なお，原稿執筆者と特別な関係にある者（たとえば指導教授，同門生，同僚）には，査読委員を委嘱できない。
　なお，査読委員は執筆者に対して匿名とし，執筆者との対応はすべて編集委員会が行う。
4　編集委員会への査読結果の報告
　査読委員は，論文入手後速やかに査読を行い，その結果を30日以内に所定の「査読結果報告書」に記入し，編集委員会に査読結果を報告しなければならない。なお，報告書における「論文掲載の適否」は，次のように区分する。
①**適**：掲載可とするもの。
②**条件付き適**：条件付きで掲載可とするもの。査読委員のコメントを執筆者に返送し，再検討および修正を要請する。再提出された原稿の修正確認は編集委員会が行う。
③**再査読**：再査読を要するもの。査読委員のコメントを執筆者に返送し，再検討および修正を要請する。再提出された原稿は査読委員が再査読し，判断する。
④**不適**：掲載不可とするもの。ただし，他の1名の評価が上記①〜③の場合，査読委員のコメントを執筆者に返送し，再検討および修正を要請する。再提出された原稿は査読委員が再査読し，判断する。
　なお，再査読後の評価は「適（条件付きの場合も含む）」と「不適」の2つ

とする。また，再査読後の評価が「不適」の場合，編集委員会の最終評価は，「掲載可」「掲載不可」の2つとするが，再査読論文に対して若干の修正を条件に「掲載可」とすることもある。その場合の最終判断は編集委員会が行う。

5 原稿の採否

編集委員会は，査読報告に基づいて，原稿の採否を以下のようなルールに従って決定する。

①査読委員が2名とも「適」の場合は，掲載を可とする。

②査読委員1名が「適」で，他の1名が「条件付き適」の場合は，修正原稿を編集委員会が確認した後，掲載を可とする。

③査読委員1名が「適」で，他の1名が「再査読」の場合は，後者に修正原稿を再査読するよう要請する。その結果が「適（条件付きの場合を含む）」の場合は，編集委員会が確認した後，掲載を可とする。「不適」の場合は，当該査読委員がそのコメントを編集委員会に提出し，編集委員会が最終判断を行う。

④査読委員が2名とも「条件付き適」の場合は，修正原稿を編集委員会が確認した後，掲載を可とする。

⑤査読委員1名が「条件付き適」で，他の1名が「再査読」の場合は，後者に修正原稿を再査読するよう要請する。その結果が「適（条件付きの場合を含む）」の場合は，編集委員会が前者の修正点を含め確認した後，掲載を可とする。「不適」の場合は，当該査読委員がそのコメントを編集委員会に提出し，編集委員会が最終判断を行う。

⑥査読委員が2名とも「再査読」の場合は，両者に修正原稿を再査読するよう要請する。その結果が2名とも「適（条件付きの場合を含む）」の場合は，編集委員会が確認した後，掲載を可とする。1名あるいは2名とも「不適」の場合は，当該査読委員がそのコメントを編集委員会に提出し，編集委員会が最終判断を行う。

⑦査読委員1名が「条件付き適」で，他の1名が「不適」の場合は，後者に修正原稿を再査読するよう要請する。その結果が「適（条件付きの場合を含む）」の場合は，編集委員会が前者の修正点を含め確認した後，掲載を可とする。「不適」の場合は，当該査読委員がそのコメントを編集委員会に提出し，編集委員会が最終判断を行う。

⑧査読委員1名が「再査読」で，他の1名が「不適」の場合は，両者に修正原稿を再査読するよう要請する。その結果が2名とも「適（条件付きの場合を含

む）」の場合は，編集委員会が確認した後，掲載を可とする。1名あるいは2名とも「不適」の場合は，当該査読委員がそのコメントを編集委員会に提出し，編集委員会が最終判断を行う。

⑨査読委員1名が「適」で，他の1名が「不適」の場合は，後者に修正原稿を再査読するよう要請する。その結果が「適（条件付きの場合を含む）」の場合は，編集委員会が確認した後，掲載を可とする。「不適」の場合は，当該査読委員がそのコメントを編集委員会に提出し，編集委員会が最終判断を行う。

⑩査読委員が2名とも「不適」の場合は，掲載を不可とする。

6　執筆者への採否の通知

　編集委員会は，原稿の採否，掲載・不掲載の決定を，執筆者に文章で通知する。

経営学史学会

年報編集委員会

委員長　渡　辺　敏　雄（関西学院大学教授）
委　員　勝　部　伸　夫（専　修　大　学　教　授）
委　員　河　辺　　　純（大阪商業大学教授）
委　員　藤　沼　　　司（青森公立大学教授）
委　員　松　田　　　健（駒　澤　大　学　教　授）
委　員　三　井　　　泉（日　本　大　学　教　授）
委　員　柴　田　　　明（日　本　大　学　准　教　授）
委　員　庭　本　佳　子（神　戸　大　学　准　教　授）
委　員　渡　辺　泰　宏（東京富士大学准教授）

編集後記

　「経営学の未来──経営学史研究の現代的意義を問う──」として統一論題のテーマを設定した経営学史学会第26回全国大会は，神戸大学において開催された。大会にはそれに相応しい報告と討論ならびにシンポジウムが行なわれ大変成果が上がったものと確信している。その成果を編集したものがこの度お届けする経営学史学会年報第26輯である。経営学の未来をどのように考えるかは優れて未来志向的であると同時に十分な歴史的研究を踏まえてしかなしえないという意味では学史志向的である。現在というのは過去と未来の丁度その境目にある現在の最前面であるという捉え方は単なる時間的直感的な捉え方であり皮相な捉え方である。時間は常に流動し過去は現在を押し出し未来は過去により創造される。そのように捉えると未来だけが未定で不定型なのではなく過去も未定で不定型である。決して確定していない過去をどのように見なして再構築しその基盤の上に立って未来の道筋を見極めるのが歴史研究の課題となる所以である。その例に漏れず経営学の未来を問うためには過去と現在の経営学説の解釈と相互討議の錬磨により道筋を見通す方法しかないのである。こう考えれば経営学史研究こそは経営学の未来を見据えることのできる唯一の王道である。昨今ともすれば実証研究がもてはやされ，1つの論文の中で取り上げた研究の問題意識と関連する過去の研究が渉猟され先行研究と称されている。しかしよく見れば先行研究のごく一部しか管見していないものが多く，むしろある部分のみを原典著者の意図とは関わりなく摘出している研究が見受けられる。このようなやり方では果たして真の先行研究と言えるであろうか。基礎に某かの大きな学説の解釈を置いた上で，それと比較評価しながらある問題に関する多くの研究を取り上げ研究の最前線を確認するのなら一歩も二歩も実証研究の中での真の研究に近づき得るのである。そうした基礎的な経営学史研究の一端を披露するのがこの経営学史学会年報の役目であると確信する。

（渡辺敏雄　記）

THE ANNUAL BULLETIN
of
The Society for the History of Management Theories

No. 26   May, 2019

Future of Management Theories:
Meaning of Studies in History of Management Theories

Contents

Preface
                              Nobuo KATSUBE (Senshu University)

I   **Meaning of the Theme**

II   **Future of Management Theories: Meaning of Studies in History of Management Theories**

    1   Can We Prospect Bright Future of Business Administration? Roles of the Studies of the Histories of Management Theories
                              Norio KAMBAYASHI (Kobe University)

    2   The History of Management Theories and the Hermeneutics
                              Hiroshi SUGITA (Ishinomaki Senshu University)

    3   Civilization and Management: Studies in History of Management Theories and the Future of Management Theories
                              Haruo MURATA (Momoyama Gakuin University)

    4   Contribution to the History of Management Theories: The Siginificance of Methodological Studies
                              Yasuharu TANZAWA (Chuo University)

    5   The History of Management Theories and the Hermeneutics:

A Comment on Sugita's Paper
    Kazuhiro FUJII (Aomori Public University)
6 Comment to Haruo Murata "Civilization and Management: Studies in History of Management Theories and the Future of Management Theories"
    Hiroshi MITO (University of Nagasaki)
7 The Future of New Institutioal Economics: A Comment on Tanzawa's Paper
    Kimio TAKAHASHI (Kanto Gakuin University)
8 On Methodological Problems for the Bright Future of Unified Management Theory——Some Comments as a Moderator
    Shinshi KATAOKA (Ryukoku University)

III Other Themes

9 The Possibilities of Multiparadigm in Oraganizational Studies
    Koki TAKAGI (Toyohashi Sozo University)
10 Why is the Linear Model Necessary?: Bush Report Revisit
    Keitaro KUWADA (Kobe University)
11 Exit, Voice, and Center of Gravity of Organizations: A Review of GM History around 1920
    Toru HAYASHI (Nagasaki University)
12 Service Delivery Strategy and Organization Management for Satisfying Customers: Extending Contingency Model and Proposals for the Future Study
    Sekai KIDA (Yokohama National University)

IV Literatures

V Materials

Abstracts

Can We Prospect Bright Future of Business Administration?
Roles of the Studies of the Histories of Management Theories

Norio KAMBAYASHI (Kobe University)

Progress and spread of "globalization and market principle" have had biggest influence for today's management practice and the future of business administration. The principle was deteriorating the way that should be of scientific research including business administration itself. That promotes a form of domain-divisional, visualizing, and shortening-oriented intention, and has cast the dark shadow over the research posture of young researchers in the next generation. The society of the histories of management theories has to start action immediately so that it may cultivate the bright future of business administration.

The History of Management Theories and the Hermeneutics

Hiroshi SUGITA (Ishinomaki Senshu University)

In this paper, I find out the modern meaning of the history of management theories to hermeneutics. Although hermeneutics attracted attention as a new science view after the middle of the 20th century, I do not want to argue about scientific of philosophy. It is the hermeneutics as philosophy which makes an issue of organic relation between a portion and the whole which I examine in this paper. The hermeneutics developed in Europe affected U.S. pragmatism. M. P. Follett and C. I. Barnard made management thought from setting it as the philosophical foundation.

This paper consists of the following three. First, I explain "what hermeneutics is", comparing with an interpretivism. Next, I study the management thought of Follett and Barnard from the narrativeness of hermeneutics. Furthermore, I point out the hermeneutical character of management called a "honryu". It is my conclusion that designing the hermeneutics of management makes the future.

Civilization and Management: Studies in History of Management Theories and the Future of Management Theories

Haruo MURATA (Momoyama Gakuin University)

The era of ours after the beginning of the 20th century might be regarded as an age of civilization led by business enterprises, so to say "Corporate Civilization" (a term used in this paper).

This Corporate Civilization has reflected itself in the history of management theories.

In order to study the meanings of this civilization it would be necessary to know its philosophical meanings, which will be obtained by such an essential academic method as 'Philosophieren.'

The following problems are discussed leading to the philosophical essence of management theory:

What are the characteristics of this civilization?
- Is the civilization a new type of civilization based on the different ideas from the modern thought?
- Dark sides of this civilization: decay in human nature, confrontations among cultures, and environmental issues.
- How to think on the radical problem of 'whole vs. individual' in this civilization?

What is the philosophical meaning of management theory in the contemporary human society? How can we get to the goal of philosophical research in Corporate Civilization?

New categories for future management theories would be expected based upon these philosophical thoughts.

Contribution to the History of Management Theories: The Significance of Methodological Studies

Yasuharu TANZAWA (Chuo University)

In this article, we examine studies considered to be "advanced business studies research" extracted from the top journals in business administration. In these studies, it can be said that academic biases are avoided in the sense that anonymous reviewers lead the evolution of academics. However, to be "advanced" also means that the evaluation has not yet been decided. We divided these studies into three categories : (1) research to expand the traditional approach to new fields, (2) research that aims to integrate the traditional approaches with other perspectives, and (3) research beyond the traditional framework—and analyzed them from a methodological point of view.

Comment to Haruo Murata "Civilization and Management: Studies in History of Management Theories and the Future of Management Theories"

Hiroshi MITO (University of Nagasaki)

First Murata states the current state of management - the significance of history of management and the significance of The Society for the History of Management Theories.The most important task of the research on the history of management theories is to express "history of development of corporate civilization" and to ask the question "what is management science" as the basic subject F. W. Taylor scientific management method, M. P. Follett creative experience, C. I. Barnard organism system as mainstream in American management theories. From the history of management and the grasp of modern society, we raised the following two problems. The first is the harmonization of the fundamental relationship and consistency of the company's "commerciality" and "sociality", and harmony between "individual freedom" and "whole constraint" ("individuals and organizations"). As discussed above, we present the most broad sense of business view that the corporate image of the 21st century must be based on the existence and dignity of human beings and nature.I would like to list the problems related to the above discussion.

"What is philosophy?" is not explained.There is bias in the theory being taken up.The scope of "civilization" being discussed is limited to the 20th century, and there is no reference to "modern" "capitalism" "market". The subject of business administration is "company", not "organization".

The Future of New Institutioal Economics:
A Comment on Tanzawa's Paper

Kimio TAKAHASHI (Kanto Gakuin University)

Tanzawa discusses that the future of New Institutional Economics (NIE) in the methodological point of view will have three ways, to extend the field, to build a new theoretical framework, and to accept another metaphysical premise, i.e. to replace Holism with Reductionism. But I think that the replacement will damage Holism in essence. Accordingly, Reductionism and Holism should exist together as each methodological perspective.

NIE, especially transaction cost theory (TCT), in the first place, was theorized in the trend of organizing or monopolizing at firms by R. H. Coase. But TCT was utilized for the persuasion of marketization and privatization, namely for the ideology of Neoliberalism. Therefore, theory is often utilized or interpreted differently in different situations or ages. That is the exclusive significance of the study for history of theories.

On Methodological Problems for the Bright Future of Unified Management Theory—Some comments as a moderator

Shinshi KATAOKA (Ryukoku University)

The purpose of the symposium was how management theories could regain vigorous totality, actual reality and social impacts on business community and industrial world, not to mention the academic world of management.

In recent years, management theories has gone to cleaved narrow analyses and concepts of management, e.g. economic, psychological, sociological, management engineering analysis and so on. They have not been integrated and left for a long time as it was. Moreover quantitative approaches are prevalent, and historical, qualitative analyses have declined in popularity, being neglected or ignored. There are problems in communicating with each other.

Prof. Kanbayashi focused on these problems area as a keynote speaker.

Prof. Sugita raised the idea of interpretivism in contraposition to positivism. Prof.Murata emphasized so-called "the fallacy of misplaced concreteness" as the standard defects of modern sciences. Prof. Tanzawa suggested various cutting-edge management theories could be lead to right direction by the aid of management history points of view.

Management theories in America and Germany so far have not achieved successful consensus on integrating theories. On this point, we can revaluate the synthetic approaches made by the late Prof. Keiji Baba and the late Prof. Yasujirou Yamamoto.

経営学の未来
――経営学史研究の現代的意義を問う――
経営学史学会年報　第26輯

2019年5月24日　第1版第1刷発行		検印省略

編　者　　経 営 学 史 学 会

発行者　　前　野　　　隆

発行所　　株式会社　文　眞　堂
　　　　　東京都新宿区早稲田鶴巻町533
　　　　　電　話　03（3202）8480
　　　　　FAX　03（3203）2638
　　　　　〒162-0041　振替00120-2-96437

印刷・平河工業社／製本・丸和製本
© 2019
URL. http://keieigakusi.info/
　　　http://www.bunshin-do.co.jp/
落丁・乱丁本はおとりかえいたします
定価はカバー裏に表示してあります
ISBN978-4-8309-5040-7　C3034

● 好評既刊

経営学の位相 第一輯
● 主要目次
I 課題
- 一 経営学の本格化と経営学史研究の重要性　山本安次郎
- 二 社会科学としての経営学　三戸　公
- 三 管理思考の呪縛――そこからの解放　北野利信
- 四 バーナードとヘンダーソン　加藤勝康
- 五 経営経済学史と科学方法論　永田　誠
- 六 非合理主義的組織論の展開を巡って　稲村　毅
- 七 組織情報理論の構築へ向けて　小林敏男

II 人と業績
- 八 村本福松先生と中西寅雄先生の回想　高田　馨
- 九 馬場敬治――その業績と人柄　雲嶋良雄
- 十 北川宗藏教授の「経営経済学」　海道　進
- 十一 シュマーレンバッハ学説のわが国への導入　齊藤隆夫
- 十二 回想――経営学研究の歩み　大島國雄

経営学の巨人 第二輯
● 主要目次
I 経営学の巨人
- 一 H・ニックリッシュ
    1 現代ドイツの企業体制とニックリッシュ　吉田　修
    2 ナチス期ニックリッシュの経営学　田中照純
    3 ニックリッシュの自由概念と経営思想　鈴木辰治
- 二 C・I・バーナード
    4 バーナード理論と有機体の論理　村田晴夫
    5 現代経営学とバーナードの復権　庭本佳和
    6 バーナード理論と現代　稲村　毅
- 三 K・マルクス
    7 日本マルクス主義と批判的経営学　川端久夫
    8 旧ソ連型マルクス主義の崩壊と個別資本説の現段階　片岡信之
    9 マルクスと日本経営学　篠原三郎

II 経営学史論攷
1. アメリカ経営学史の方法論的考察 　　　　　　　　三井　　泉
2. 組織の官僚制と代表民主制 　　　　　　　　　　　奥田　幸助
3. ドイツ重商主義と商業経営論 　　　　　　　　　　北村健之助
4. アメリカにみる「キャリア・マネジメント」理論の動向 　西川　清之

III 人と業績
1. 藻利重隆先生の卒業論文 　　　　　　　　　　　　三戸　　公
2. 日本の経営学研究の過去・現在・未来 　　　　　　儀我壯一郎
3. 経営学生成への歴史的回顧 　　　　　　　　　　　鈴木　和蔵

IV 文献

日本の経営学を築いた人びと　第三輯

● 主要目次

I 日本の経営学を築いた人びと
一　上田貞次郎——経営学への構想—— 　　　　　　小松　　章
二　増地庸治郎経営理論の一考察 　　　　　　　　　河野　大機
三　平井泰太郎の個別経済学 　　　　　　　　　　　眞野　　脩
四　馬場敬治経営学の形成・発展の潮流とその現代的意義 　岡本　康雄
五　古林経営学——人と学説—— 　　　　　　　　　門脇　延行
六　古林教授の経営労務論と経営民主化論 　　　　　奥田　幸助
七　馬場克三——五段階説、個別資本説そして経営学—— 　三戸　　公
八　馬場克三・個別資本の意識性論の遺したもの 　　川端　久夫
　　　——個別資本説と近代管理学の接点——
九　山本安次郎博士の「本格的経営学」の主張をめぐって　加藤　勝康
　　　——Kuhnian Paradigmとしての「山本経営学」——
十　山本経営学の学史的意義とその発展の可能性 　　谷口　照三
十一　高宮　晋—経営組織の経営学的論究 　　　　　鎌田　伸一
十二　山城経営学の構図 　　　　　　　　　　　　　森本　三男
十三　市原季一博士の経営学説——ニックリッシュとともに—— 　増田　正勝
十四　占部経営学の学説史的特徴とバックボーン 　　金井　壽宏
十五　渡辺銕蔵論——経営学史の一面—— 　　　　　高橋　俊夫
十六　生物学的経営学説の生成と展開 　　　　　　　裴　　富吉
　　　——暉峻義等の労働科学：経営労務論の一源流——

II 文献

アメリカ経営学の潮流 第四輯
● 主要目次
I　アメリカ経営学の潮流
- 一　ポスト・コンティンジェンシー理論──回顧と展望── 野中郁次郎
- 二　組織エコロジー論の軌跡 村上伸一
　　──一九八〇年代の第一世代の中核論理と効率に関する議論の検討を中心にして──
- 三　ドラッカー経営理論の体系化への試み 河野大機
- 四　H・A・サイモン──その思想と経営学── 稲葉元吉
- 五　バーナード経営学の構想 眞野脩
- 六　プロセス・スクールからバーナード理論への接近 辻村宏和
- 七　人間関係論とバーナード理論の結節点 吉原正彦
　　──バーナードとキャボットの交流を中心として──
- 八　エルトン・メイヨーの管理思想再考 原田實
- 九　レスリスバーガーの基本的スタンス 杉山三七男
- 十　F・W・テイラーの管理思想 中川誠士
　　──ハーバード経営大学院における講義を中心として──
- 十一　経営の行政と統治 北野利信
- 十二　アメリカ経営学の一一〇年──社会性認識をめぐって── 中村瑞穂

II　文献

経営学研究のフロンティア 第五輯
● 主要目次
I　日本の経営者の経営思想
- 一　日本の経営者の経営思想 清水龍瑩
　　──情報化・グローバル化時代の経営者の考え方──
- 二　日本企業の経営理念にかんする断想 森川英正
- 三　日本型経営の変貌──経営者の思想の変遷── 川上哲郎

II　欧米経営学研究のフロンティア
- 四　アメリカにおけるバーナード研究のフロンティア 高橋公夫
　　──William, G. Scott の所説を中心として──
- 五　フランスにおける商学・経営学教育の成立と展開 日高定昭
　　（一八一九年──一九五六年）
- 六　イギリス組織行動論の一断面 幸田浩文

――経験的調査研究の展開をめぐって――
　　七　ニックリッシュ経営学変容の新解明　　　　　　　　森　　哲　彦
　　八　E・グーテンベルク経営経済学の現代的意義　　　髙　橋　由　明
　　　　――経営タイプ論とトップ・マネジメント論に焦点を合わせて――
　　九　シュマーレンバッハ「共同経済的生産性」概念の再構築　　永　田　　誠
　　十　現代ドイツ企業体制論の展開　　　　　　　　　　海道ノブチカ
　　　　――R・B・シュミットとシュミーレヴィッチを中心として――
Ⅲ　現代経営・組織研究のフロンティア
　　十一　企業支配論の新視角を求めて　　　　　　　　　片　岡　　進
　　　　――内部昇進型経営者の再評価、資本と情報の同時追究、
　　　　　　自己組織論の部分的導入――
　　十二　自己組織化・オートポイエーシスと企業組織論　　長　岡　克　行
　　十三　自己組織化現象と新制度派経済学の組織論　　　　丹　沢　安　治
Ⅳ　文　献

経営理論の変遷　第六輯
●主要目次
Ⅰ　経営学史研究の意義と課題
　　一　経営学史研究の目的と意義　　　　　　　　　　ウィリアム・G・スコット
　　二　経営学史の構想における一つの試み　　　　　　加　藤　勝　康
　　三　経営学の理論的再生運動　　　　　　　　　　　鈴　木　幸　毅
Ⅱ　経営理論の変遷と意義
　　四　マネジメント・プロセス・スクールの変遷と意義　　二　村　敏　子
　　五　組織論の潮流と基本概念　　　　　　　　　　　　岡　本　康　雄
　　　　――組織的意思決定論の成果をふまえて――
　　六　経営戦略の意味　　　　　　　　　　　　　　　　加護野　忠　男
　　七　状況適合理論（Contingency Theory）　　　　　　　岸　田　民　樹
Ⅲ　現代経営学の諸相
　　八　アメリカ経営学とヴェブレニアン・インスティテュー
　　　　ショナリズム　　　　　　　　　　　　　　　　　今　井　清　文
　　九　組織論と新制度派経済学　　　　　　　　　　　　福　永　文美夫
　　十　企業間関係理論の研究視点　　　　　　　　　　　山　口　隆　之
　　　　――「取引費用」理論と「退出／発言」理論の比較を通じて――
　　十一　ドラッカー社会思想の系譜　　　　　　　　　　島　田　　恒
　　　　――「産業社会」の構想と挫折、「多元社会」への展開――

十二	バーナード理論のわが国への適用と限界	大平　義隆
十三	非合理主義的概念の有効性に関する一考察	前田　東岐
	——ミンツバーグのマネジメント論を中心に——	
十四	オートポイエシス——経営学の展開におけるその意義——	藤井　一弘
十五	組織文化の組織行動に及ぼす影響について	間嶋　　崇
	——E・H・シャインの所論を中心に——	

Ⅳ　文　献

経営学百年——鳥瞰と未来展望——　第七輯

● 主要目次

Ⅰ　経営学百年——鳥瞰と未来展望——

一	経営学の主流と本流——経営学百年、鳥瞰と課題——	三戸　　公
二	経営学における学の世界性と経営学史研究の意味	村田　晴夫
	——「経営学百年——鳥瞰と未来展望」に寄せて	
三	マネジメント史の新世紀	ダニエル・A・レン

Ⅱ　経営学の諸問題——鳥瞰と未来展望——

四	経営学の構想——経営学の研究対象・問題領域・考察方法	万仲　脩一
五	ドイツ経営学の方法論吟味	清水　敏允
六	経営学における人間問題の理論的変遷と未来展望	村田　和彦
七	経営学における技術問題の理論的変遷と未来展望	宗像　正幸
八	経営学における情報問題の理論的変遷と未来展望	伊藤淳巳・下﨑千代子
	——経営と情報——	
九	経営学における倫理・責任問題の理論的変遷と未来展望	西岡　健夫
十	経営の国際化問題について	赤羽新太郎
十一	日本的経営論の変遷と未来展望	林　　正樹
十二	管理者活動研究の理論的変遷と未来展望	川端　久夫

Ⅲ　経営学の諸相

十三	M・P・フォレット管理思想の基礎	杉田　　博
	——ドイツ観念論哲学における相互承認論との関連を中心に——	
十四	科学的管理思想の現代的意義	藤沼　　司
	——知識社会におけるバーナード理論の可能性を求めて——	
十五	経営倫理学の拡充に向けて	岩田　　浩
	——デューイとバーナードが示唆する重要な視点——	
十六	H・A・サイモンの組織論と利他主義モデルを巡って	髙　　　巖
	——企業倫理と社会選択メカニズムに関する提言——	

十七	組織現象における複雑性	阿辻茂夫
十八	企業支配論の一考察	坂本雅則
	——既存理論の統一的把握への試み——	

Ⅳ　文　献

組織管理研究の百年　第八輯

● 主要目次

Ⅰ　経営学百年——組織・管理研究の方法と課題——

一	経営学研究における方法論的反省の必要性	佐々木恒男
二	比較経営研究の方法と課題	愼　侑根
	——東アジア的企業経営システムの構想を中心として——	
三	経営学の類別と展望——経験と科学をキーワードとして——	原澤芳太郎
四	管理論・組織論における合理性と人間性	池内秀己
五	アメリカ経営学における「プラグマティズム」と「論理実証主義」	三井　泉
六	組織変革とポストモダン	今田高俊
七	複雑適応系——第三世代システム論——	河合忠彦
八	システムと複雑性	西山賢一

Ⅱ　経営学の諸問題

九	組織の専門化に関する組織論的考察	吉成　亮
	——プロフェッショナルとクライアント——	
十	オーソリティ論における職能説	高見精一郎
	——高宮晋とM・P・フォレット——	
十一	組織文化論再考——解釈主義的文化論へ向けて——	四本雅人
十二	アメリカ企業社会とスピリチュアリティー	村山元理
十三	自由競争を前提にした市場経済原理にもとづく経営学の功罪——経営資源所有の視点から——	海老澤栄一
十四	組織研究のあり方	大月博司
	——機能主義的分析と解釈主義的分析——	
十五	ドイツの戦略的管理論研究の特徴と意義	加治敏雄
十六	企業に対する社会的要請の変化	小山嚴也
	——社会的責任論の変遷を手がかりにして——	
十七	E・デュルケイムと現代経営学	齋藤貞之

Ⅲ　文　献

IT革命と経営理論　第九輯
●主要目次
I　テイラーからITへ──経営理論の発展か、転換か──
　一　序説　テイラーからITへ──経営理論の発展か転換か── 稲葉元吉
　二　科学的管理の内包と外延──IT革命の位置── 三戸　公
　三　テイラーとIT──断絶か連続か── 篠崎恒夫
　四　情報化と協働構造 國領二郎
　五　経営情報システムの過去・現在・未来 島田達巳
　　　──情報技術革命がもたらすもの──
　六　情報技術革命と経営および経営学 庭本佳和
　　　──島田達巳「経営情報システムの過去・現在・未来」をめぐって──
II　論　攷
　七　クラウゼウィッツのマネジメント論における理論と実践 鎌田伸一
　八　シュナイダー企業者職能論 関野　賢
　九　バーナードにおける組織の定義について 坂本光男
　　　──飯野－加藤論争に関わらせて──
　十　バーナード理論と企業経営の発展 高橋公夫
　　　──原理論・類型論・段階論──
　十一　組織論における目的概念の変遷と展望 西本直人
　　　　──ウェーバーからCMSまで──
　十二　ポストモダニズムと組織論 高橋正泰
　十三　経営組織における正義 宮本俊昭
　十四　企業統治における法的責任の研究 境　新一
　　　　──経営と法律の複眼的視点から──
　十五　企業統治論における正当性問題 渡辺英二
III　文　献

現代経営と経営学史の挑戦
──グローバル化・地球環境・組織と個人──　第十輯
●主要目次
I　現代経営の課題と経営学史研究
　一　現代経営の課題と経営学史研究の役割─展望 小笠原英司
　二　マネジメントのグローバルな移転 岡田和秀
　　　──マネジメント・学説・背景──

三　グローバリゼーションと文化　　　　　　　　　　　髙　橋　由　明
　　　　──経営管理方式国際移転の社会的意味──
　四　現代経営と地球環境問題──経営学史の視点から──　庭　本　佳　和
　五　組織と個人の統合　　　　　　　　　　　　　　　　太　田　　　肇
　　　　──ポスト新人間関係学派のモデルを求めて──
　六　日本的経営の一検討──その毀誉褒貶をたどる──　　赤　岡　　　功
Ⅱ　創立十周年記念講演
　七　経営学史の課題　　　　　　　　　　　　　　　　　阿　部　謹　也
　八　経営学教育における企業倫理の領域　　　　　Ｅ・Ｍ・エプスタイン
　　　　──過去・現在・未来
Ⅲ　論　攷
　九　バーナード組織概念の一詮議　　　　　　　　　　　川　端　久　夫
　十　道徳と能力のシステム──バーナードの人間観再考──　磯　村　和　人
　十一　バーナードにおける過程性と物語性　　　　　　　小　濱　　　純
　　　　──人間観からの考察──
　十二　経営学における利害関係者研究の生成と発展　　　水　村　典　弘
　　　　──フリーマン学説の検討を中心として──
　十三　現代経営の底流と課題──組織知の創造を超えて──　藤　沼　　　司
　十四　個人行為と組織文化の相互影響関係に関する一考察　間　嶋　　　崇
　　　　──Ａ・ギデンズの構造化論をベースとした組織論の考察をヒントに──
　十五　組織論における制度理論の展開　　　　　　　　　岩　橋　建　治
　十六　リーダーシップと組織変革　　　　　　　　　　　吉　村　泰　志
　十七　ブライヒャー統合的企業管理論の基本思考　　　　山　縣　正　幸
　十八　エーレンベルク私経済学の再検討　　　　　　　　梶　脇　裕　二
Ⅳ　文　献

経営学を創り上げた思想　第十一輯
●主要目次
Ⅰ　経営理論における思想的基盤
　一　経営学における実践原理・価値規準について　　　　仲　田　正　機
　　　　──アメリカ経営管理論を中心として──
　二　プラグマティズムと経営理論　　　　　　　　　　　岩　田　　　浩
　　　　──チャールズ・Ｓ・パースの思想からの洞察──
　三　プロテスタンティズムと経営思想　　　　　　　　　三　井　　　泉
　　　　──クウェーカー派を中心として──

四	シュマーレンバッハの思想的・実践的基盤	平 田 光 弘
五	ドイツ経営経済学・経営社会学と社会的カトリシズム	増 田 正 勝
六	上野陽一の能率道	齊 藤 毅 憲
七	日本的経営の思想的基盤——経営史的な考究——	由 井 常 彦

II 特別講演
八 私の経営理念 　　　　　　　　　　　　　　　　　辻　　　理

III 論攷
九	ミッションに基づく経営——非営利組織の事業戦略基盤——	島 田 　 恒
十	価値重視の経営哲学 ——スピリチュアリティの探求を学史的に照射して——	村 山 元 理
十一	企業統治における内部告発の意義と問題点 ——経営と法律の視点から——	境 　 新 一
十二	プロセスとしてのコーポレート・ガバナンス ——ガバナンス研究に求められるもの——	生 田 泰 亮
十三	「経営者の社会的責任」論とシュタインマンの企業倫理論	髙 見 直 樹
十四	ヴェブレンとドラッカー——企業・マネジメント・社会——	春 日 　 賢
十五	調整の概念の学史的研究と現代的課題	松 田 昌 人
十六	HRO研究の革新性と可能性	西 本 直 人
十七	「ハリウッド・モデル」とギルド	國 島 弘 行

IV 文献

ガバナンスと政策——経営学の理論と実践—— 第十二輯

●主要目次

I ガバナンスと政策
一	ガバナンスと政策	片 岡 信 之
二	アメリカにおける企業支配論と企業統治論	佐久間 信 夫
三	フランス企業統治 ——経営参加、取締役会改革と企業法改革——	簗 場 保 行
四	韓国のコーポレート・ガバナンス改革とその課題	勝 部 伸 夫
五	私の経営観	岩 宮 陽 子
六	非営利組織における運営の公正さをどう保つのか ——日本コーポレート・ガバナンス・フォーラム十年の経験から——	荻 野 博 司
七	行政組織におけるガバナンスと政策	石 阪 丈 一

II 論攷
八 コーポレート・ガバナンス政策としての時価主義会計 　　菊 澤 研 宗

　　　　──M・ジェンセンのエージェンシー理論とF・シュ
　　　　ミットのインフレ会計学説の応用──
　九　組織コントロールの変容とそのロジック　　　　　　大　月　博　司
　十　組織間関係の進化に関する研究の展開　　　　　　　小　橋　　　勉
　　　　──レベルとアプローチの視点から──
　十一　アクター・ネットワーク理論の組織論的可能性　　髙　木　俊　雄
　　　　──異種混交ネットワークのダイナミズム──
　十二　ドイツにおける企業統治と銀行の役割　　　　　　松　田　　　健
　十三　ドイツ企業におけるコントローリングの展開　　　小　澤　優　子
　十四　M・P・フォレット管理思想の基礎　　　　　　　杉　田　　　博
　　　　──W・ジェームズとの関連を中心に──
Ⅲ　文　献

企業モデルの多様化と経営理論　第十三輯
　　──二十一世紀を展望して──

● 主要目次
Ⅰ　企業モデルの多様化と経営理論
　一　経営学史研究の新展開　　　　　　　　　　　　　　佐々木　恒　男
　二　アメリカ経営学の展開と組織モデル　　　　　　　　岸　田　民　樹
　三　二十一世紀の企業モデルと経営理論──米国を中心に──　角　野　信　夫
　四　EU企業モデルと経営理論　　　　　　　　　　　　万　仲　脩　一
　五　EUにおける労働市場改革と労使関係　　　　　　　久　保　広　正
　六　アジア─中国企業モデルと経営理論　　　　　　　　金　山　　　権
　七　シャリーア・コンプライアンスと経営　　　　　　　櫻　井　秀　子
　　　　──イスラームにおける経営の原則──
Ⅱ　論　攷
　八　経営学と社会ダーウィニズム　　　　　　　　　　　福　永　文美夫
　　　　──テイラーとバーナードの思想的背景──
　九　個人と組織の不調和の克服を目指して　　　　　　　平　澤　　　哲
　　　　──アージリス前期学説の体系とその意義──
　十　経営戦略論の新展開における「レント」概念
　　　の意義について　　　　　　　　　　　　　　　　　石　川　伊　吹
　十一　経営における意思決定と議論合理性　　　　　　　宮　田　将　吾
　　　　──合理性測定のコンセプト──

十二	ステークホルダー型企業モデルの構造と機能	水村　典弘
	──ステークホルダー論者の論法とその思想傾向──	
十三	支援組織のマネジメント──信頼構築に向けて──	狩俣　正雄

Ⅲ　文　献

経営学の現在──ガバナンス論、組織論・戦略論── 第十四輯
●主要目次
Ⅰ　経営学の現在

一	「経営学の現在」を問う	勝部　伸夫
	──コーポレート・ガバナンス論と管理論・組織論──	
二	株式会社を問う──「団体」の概念──	中條　秀治
三	日本の経営システムとコーポレート・ガバナンス	菊池　敏夫
	──その課題、方向、および条件の検討──	
四	ストックホルダー・ガバナンス 対 ステイクホルダー・ガバナンス	菊澤　研宗
	──状況依存的ステイクホルダー・ガバナンスへの収束──	
五	経営学の現在──自己組織・情報世界を問う──	三戸　　公
六	経営学史の研究方法	吉原　正彦
	──「人間協働の科学」の形成を中心として──	
七	アメリカの経営戦略と日本企業の実証研究	沼上　　幹
	──リソース・ベースト・ビューを巡る相互作用──	
八	経営戦略研究の新たな視座	庭本　佳和
	──沼上報告「アメリカの経営戦略論（ＲＢＶ）と日本企業の実証的研究」をめぐって──	

Ⅱ　論　攷

九	スイッチングによる二重性の克服	渡辺　伊津子
	──品質モデルをてがかりにして──	
十	組織認識論と資源依存モデルの関係	佐々木　秀徳
	──環境概念、組織観を手掛かりとして──	
十一	組織学習論における統合の可能性	伊藤　なつこ
	──マーチ＆オルセンの組織学習サイクルを中心に──	
十二	戦略論研究の展開と課題	宇田川　元一
	──現代戦略論研究への学説史的考察から──	
十三	コーポレート・レピュテーションによる持続的競争優位	加賀田　和弘
	──資源ベースの経営戦略の観点から──	
十四	人間操縦と管理論	山下　　剛

十五　リーダーシップ研究の視点　　　　　　　　　　　薄　羽　哲　哉
　　　　──リーダー主体からフォロワー主体へ──
十六　チャールズ・バベッジの経営思想　　　　　　　　村　田　和　博
十七　非営利事業体ガバナンスの意義と課題について　　松　本　典　子
　　　　──ワーカーズ・コレクティブ調査を踏まえて──
十八　EUと日本におけるコーポレート・ガバナンス・
　　　コデックスの比較　　　　　　　　　　　　ラルフ・ビーブンロット
Ⅲ　文　献

現代経営学の新潮流──方法、CSR・HRM・NPO──　第十五輯

● 主要目次

Ⅰ　経営学の方法と現代経営学の諸問題
一　経営学の方法と現代経営学の諸問題　　　　　　　　小笠原　英　司
二　組織研究の方法と基本仮定──経営学との関連で──　坂　下　昭　宣
三　経営研究の多様性とレレヴァンス問題　　　　　　　長　岡　克　行
　　　　──英語圏における議論の検討──
四　経営学と経営者の育成　　　　　　　　　　　　　　辻　村　宏　和
五　わが国におけるCSRの動向と政策課題　　　　　　　谷　本　寛　治
六　ワーク・ライフ・バランスとHRM研究の新パラダイム　渡　辺　　　峻
　　　　──「社会化した自己実現人」と「社会化した人材マネジメント」──
七　ドラッカー学説の軌跡とNPO経営学の可能性　　　　島　田　　　恒

Ⅱ　論　攷
八　バーナード組織概念の再詮議　　　　　　　　　　　川　端　久　夫
九　高田保馬の勢力論と組織　　　　　　　　　　　　　林　　　　　徹
十　組織論と批判的実在論　　　　　　　　　　　　　　鎌　田　伸　一
十一　組織間関係論における埋め込みアプローチの検討　小　橋　　　勉
　　　　──その射程と課題──
十二　実践重視の経営戦略論　　　　　　　　　　　　　吉　成　　　亮
十三　プロジェクトチームのリーダーシップ　　　　　　平　井　信　義
　　　　──橋渡し機能を中心として──
十四　医療における公益性とメディカル・ガバナンス　　小　島　　　愛
十五　コーポレート・ガバナンス論におけるExit・Voice・
　　　Loyaltyモデルの可能性　　　　　　　　　　　　石　嶋　芳　臣
十六　企業戦略としてのCSR　　　　　　　　　　　　　矢　口　義　教
　　　　──イギリス石油産業の事例から──

Ⅲ 文 献

経営理論と実践 第十六輯
●主要目次
Ⅰ 趣旨説明——経営理論と実践　　　　　　　　　　　　　　第五期運営委員会
Ⅱ 経営理論と実践
　一 ドイツ経営学とアメリカ経営学における理論と実践　　　　高 橋 由 明
　二 経営理論の実践性とプラグマティズム　　　　　　　　　　岩 田　　浩
　　　——ジョン・デューイの思想を通して——
　三 ドイツの経営理論で、世界で共通に使えるもの　　　　　　小 山 明 宏
　四 現代CSRの基本的性格と批判経営学研究の課題・方法　　　百 田 義 治
　五 経営〝共育〟への道　　　　　　　　　　　　　　　　　　齊 藤 毅 憲
　　　——ゼミナール活動の軌跡から——
　六 経営学の研究者になるということ　　　　　　　　　　　　上 林 憲 雄
　　　——経営学研究者養成の現状と課題——
　七 日本におけるビジネススクールの展開と二十一世紀への展望　高 橋 文 郎
　　　　　　　　　　　　　　　　　　　　　　　　　　　　　　中 西 正 雄
　　　　　　　　　　　　　　　　　　　　　　　　　　　　　　高 橋 宏 幸
　　　　　　　　　　　　　　　　　　　　　　　　　　　　　　丹 沢 安 治
Ⅲ 論 攷
　八 チーム医療の必要性に関する試論　　　　　　　　　　　　渡 邉 弥 生
　　　——「実践コミュニティ論」の視点をもとにして——
　九 OD（組織開発）の歴史的整理と展望　　　　　　　　　　　西 川 耕 平
　十 片岡説と構造的支配－権力パラダイムとの接点　　　　　　坂 本 雅 則
Ⅳ 文 献

経営学の展開と組織概念 第十七輯
●主要目次
Ⅰ 趣旨説明——経営理論と組織概念　　　　　　　　　　　　第六期運営委員会
Ⅱ 経営理論と組織概念
　一 経営理論における組織概念の生成と展開　　　　　　　　　庭 本 佳 和
　二 ドイツ経営組織論の潮流と二つの組織概念　　　　　　　　丹 沢 安 治
　三 ヴェーバー官僚制論再考　　　　　　　　　　　　　　　　小 阪 隆 秀
　　　——ポスト官僚制組織概念と組織人の自由——

四　組織の概念——アメリカにおける学史的変遷—— 　　　　　　中條秀治
　　五　実証的戦略研究の組織観 　　　　　　　　　　　　　　　　沼上　幹
　　　　——日本企業の実証研究を中心として——
　　六　ステークホルダー論の組織観 　　　　　　　　　　　　　　藤井一弘
　　七　組織学習論の組織観の変遷と展望 　　　　　　　　　　　　安藤史江
Ⅲ　論　攷
　　八　「組織と組織成員の関係」概念の変遷と課題 　　　　　　　聞間　理
　　九　制度的企業家のディスコース 　　　　　　　　　　　　　　松嶋　登
　　十　キャリア開発における動機づけの有効性 　　　　　　　　　チン・トウイ・フン
　　　　——デシの内発的動機づけ理論の検討を中心に——
　　十一　一九九〇年代以降のドイツ経営経済学の新たな展開 　　　清水一之
　　　　——ピコーの所説に依拠して——
　　十二　ドイツ経営管理論におけるシステム・アプローチの展開 　柴田　明
　　　　——ザンクト・ガレン学派とミュンヘン学派の議論から——
　　十三　フランス中小企業研究の潮流 　　　　　　　　　　　　　山口隆之
　　　　——管理学的中小企業研究の発展——
Ⅳ　文　献

危機の時代の経営と経営学　第十八輯

●主要目次
Ⅰ　趣旨説明——危機の時代の経営および経営学 　　　　　　　　第六期運営委員会
Ⅱ　危機の時代の経営と経営学
　　一　危機の時代の経営と経営学 　　　　　　　　　　　　　　高橋由明
　　　　——経済・産業政策と経営学史から学ぶ
　　二　両大戦間の危機とドイツ経営学 　　　　　　　　　　　　海道ノブチカ
　　三　世界恐慌とアメリカ経営学 　　　　　　　　　　　　　　丸山祐一
　　四　社会的市場経済体制とドイツ経営経済学の展開 　　　　　風間信隆
　　　　——市場性・経済性志向と社会性・人間性志向との間の揺らぎ——
　　五　戦後日本企業の競争力と日本の経営学 　　　　　　　　　林　正樹
　　六　グローバル時代における経営学批判原理の複合 　　　　　高橋公夫
　　　　——「断絶の時代」を超えて——
　　七　危機の時代と経営学の再展開——現代経営学の課題—— 　片岡信之
Ⅲ　論　攷
　　八　行動理論的経営学から神経科学的経営学へ 　　　　　　　梶脇裕二
　　　　——シャンツ理論の新たな展開——

九　経営税務論と企業者職能——投資決定に関する考察——　　　関野　　賢
　十　ドイツ経営経済学の発展と企業倫理の展開　　　　　　　　山口　尚美
　　　　——シュタインマン学派の企業倫理学を中心として——
Ⅳ　文　献

経営学の思想と方法　第十九輯
●主要目次
Ⅰ　趣旨説明——経営学の思想と方法　　　　　　　　　　　　第6期運営委員会
Ⅱ　経営学の思想と方法
　1　経営学の思想と方法　　　　　　　　　　　　　　　　　吉原　正彦
　2　経営学が構築してきた経営の世界　　　　　　　　　　　上林　憲雄
　　　　——社会科学としての経営学とその危機——
　3　現代経営学の思想的諸相　　　　　　　　　　　　　　　稲村　　毅
　　　　——モダンとポストモダンの視点から——
　4　科学と哲学の綜合学としての経営学　　　　　　　　　　菊澤　研宗
　5　行為哲学としての経営学の方法　　　　　　　　　　　　庭本　佳和
Ⅲ　論　攷
　6　日本における経営学の思想と方法　　　　　　　　　　　三戸　　公
　7　組織の自律性と秩序形成の原理　　　　　　　　　　　　髙木　孝紀
　8　HRM研究における研究成果の有用性を巡る一考察　　　　　櫻井　雅充
　　　　——プラグマティズムの真理観を手掛かりにして——
　9　起業を成功させるための起業環境分析　　　　　　　　　大久保康彦
　　　　——モデルの構築と事例研究——
　10　「実践の科学」としての経営学　　　　　　　　　　　　桑田耕太郎
　　　　——バーナードとサイモンの対比を通じて——
　11　アクション・サイエンスの発展とその意義　　　　　　　平澤　　哲
　　　　——経営現象の予測・解釈・批判を超えて——
　12　マズローの思想と方法　　　　　　　　　　　　　　　　山下　　剛
Ⅳ　文　献

経営学の貢献と反省——二十一世紀を見据えて——　第二十輯
●主要目次
Ⅰ　趣旨説明——経営学の貢献と反省——21世紀を見据えて　　第7期運営委員会
Ⅱ　経営学の貢献と反省——21世紀を見据えて

1	日本における経営学の貢献と反省——21世紀を見据えて——	三戸　　　公
2	企業理論の発展と21世紀の経営学	勝部　伸夫
3	企業の責任化の動向と文明社会の行方	岩田　　浩
4	産業経営論議の百年——貢献，限界と課題——	宗像　正幸
5	東京電力・福島第一原発事故と経営学・経営史学の課題	橘川　武郎
6	マネジメント思想における「個人と組織」の物語り ——「個人と組織」の20世紀から「関係性」の21世紀へ——	三井　　泉
7	経営学史における組織と時間 ——組織の発展と個人の満足——	村田　晴夫

Ⅲ　論　攷

8	現代企業史とチャンドラー学説 ——その今日的意義と限界——	澤田　浩二
9	v. ヴェルダーの管理組織論 ——組織理論的な観点と法的な観点からの考察——	岡本　丈彦
10	組織社会化研究の新展開 ——組織における自己の記述形式を巡って——	福本　俊樹

Ⅳ　文　献

経営学の再生——経営学に何ができるか——　　第二十一輯

●主要目次

Ⅰ　趣旨説明——経営学の再生——経営学に何ができるか　　第7期運営委員会

Ⅱ　経営学の再生——経営学に何ができるか

1	経営学に何ができるか——経営学の再生——	藤井　一弘
2	経営維持から企業発展へ ——ドイツ経営経済学におけるステイクホルダー思考とWertschöpfung——	山縣　正幸
3	「協働の学としての経営学」再考 ——「経営の発展」の意味を問う——	藤沼　　司
4	経済学を超える経営学——経営学構想力の可能性	高橋　公夫
5	経営学における新制度派経済学の展開とその方法論的含意	丹沢　安治
6	経営学と経済学における人間観・企業観・社会観	三戸　　浩

Ⅲ　論　攷

7	組織均衡論をめぐる論争の再考 ——希求水準への一考察——	林　　　徹
8	高信頼性組織研究の展開 ——ノーマル・アクシデント理論と高信頼性理論の対立と協調——	藤川　なつこ

9　人的資源管理と戦略概念　　　　　　　　　　　　　　　森谷周一
　10　組織能力におけるHRMの役割　　　　　　　　　　　　庭本佳子
　　　　──「調整」と「協働水準」に注目して──
　11　組織行動論におけるミクロ-マクロ問題の再検討　　　　貴島耕平
　　　　──社会技術システム論の学際的アプローチを手がかりに──
Ⅳ　文　献

現代経営学の潮流と限界──これからの経営学──　第二十二輯

●主要目次

Ⅰ　趣旨説明──現代経営学の潮流と限界──これからの経営学　　第7期運営委員会
Ⅱ　現代経営学の潮流と限界──これからの経営学
　1　現代経営学の潮流と限界──これからの経営学──　　　　　高橋公夫
　2　新制度派経済学研究の停滞とその脱却　　　　　　　　　　　菊澤研宗
　3　経営戦略論の理論的多元性と実践的含意　　　　　　　　　　大月博司
　4　状況適合理論から組織化の進化論へ　　　　　　　　　　　　岸田民樹
　5　人的資源管理パラダイムの展開　　　　　　　　　　　　　　上林憲雄
　　　　──意義・限界・超克可能性──
Ⅲ　論　攷
　6　イギリスにおける分業論の展開　　　　　　　　　　　　　　村田和博
　　　　──アダム・スミスからJ.S.ミルまで──
　7　制度の象徴性と物質性に関する学説史的検討　　　　　　　　早坂　啓
　　　　──超越論的認識論における二律背反概念を通じて──
　8　地域社会レベルからみる企業の社会的責任　　　　　　　　　津久井稲緒
　9　米国における通報研究の展開　　　　　　　　　　　　　　　吉成　亮
　　　　──通報者の立場にもとづく悪事の通報過程──
　10　ダイナミック・ケイパビリティ論における知識の問題　　　　赤尾充哉
Ⅳ　文　献

経営学の批判力と構想力　第二十三輯

●主要目次

Ⅰ　趣旨説明──経営学の批判力と構想力　　　　　　　　　　　第8期運営委員会
Ⅱ　経営学の批判力と構想力
　1　経営学の批判力と構想力　　　　　　　　　　　　　　　　　河辺　純
　2　経営における正しい選択とビジネス倫理の視座　　　　　　　水村典弘

- 3 経営管理論形成期における H. S. デニスンの「長期連帯主義」思想

中 川 誠 士
- 4 制度化された経営学の批判的検討　　　　　　桑 田 耕太郎
――『制度的企業家』からのチャレンジ――
- 5 管理論・企業論・企業中心社会論　　　　　　渡 辺 敏 雄
――企業社会論の展開に向かって――

Ⅲ 論　攷
- 6 コントローリングの導入と普及　　　　　　　小 澤 優 子
- 7 「トランス・サイエンス」への経営学からの照射　藤 沼　　司
――「科学の体制化」過程への経営学の応答を中心に――
- 8 新制度経済学の思想的基盤と新自由主義　　　髙 橋 由 明
- 9 組織能力の形成プロセス――現場からの環境適応――　庭 本 佳 子
- 10 組織不祥事研究のポリティカル・リサーチャビリティ　中 原　　翔
――社会問題の追認から生成に向けて――

Ⅳ 文　献

経営学史研究の興亡　第二十四輯

●主要目次

Ⅰ 趣旨説明――経営学史研究の興亡　　　　　第 8 期運営委員会

Ⅱ 経営学史研究の興亡
- 1 経営学史研究の興亡　　　　　　　　　　　池 内 秀 己
- 2 「歴史学的視点から見た経営学史」試考　　　藤 井 一 弘
- 3 経営学史研究の意義と方法　　　　　　　　海道ノブチカ
- 4 経営学における物質性概念の行方：社会構成主義の陥穽を超えて

松 嶋　　登
- 5 M. P. Follett 思想における Pragmatism と Pluralism　三 井　　泉
――その意味と可能性――
- 6 ホーマン学派の「秩序倫理」における企業倫理の展開　柴 田　　明
――理論的発展とその実践的意義について――

Ⅲ 論　攷
- 7 グローバルリーダー研究の学史的位置づけの検討　島 田 善 道
- 8 ダイナミック・ケイパビリティ論の企業家論的展開の課題と
その解消に向けて　　　　　　　　　　　　石 川 伊 吹
――David, Harper の企業家論を手がかりに――

9　マズロー自己実現論と経営学　　　　　　　　　　山　下　　　剛
　　　　──金井壽宏「完全なる経営」論について──
　10　人的資源管理論における人間的側面考察の必要性について
　　　　　　　　　　　　　　　　　　　　　　　　　　高　橋　哲　也
　11　M. P. フォレットの「創造的経験」　　　　　　　西　村　香　織
　　　　──Creative Experience における理解を中心として──
　12　M. P. フォレットの世界観　　　　　　　　　　　杉　田　　　博
　　　　──その物語性の哲学的基礎──
　13　ステークホルダー理論におけるステーク概念の検討　中　村　貴　治
Ⅳ　文　　献

経営学史研究の挑戦　第二十五輯

●主要目次
Ⅰ　趣旨説明──経営学史研究の挑戦　　　　　　　　第 8 期運営委員会
Ⅱ　経営学史研究の挑戦
　1　経営学史研究の挑戦──その持つ意味──　　　　吉　原　正　彦
　2　経営学史研究の意義を探って──実践性との関連で──　梶　脇　裕　二
　3　経営学の"実践性"と経営者育成論（経営教育学）の構想
　　　　　　　　　　　　　　　　　　　　　　　　　　辻　村　宏　和
　4　経営学の「科学化」と実証研究　　　　　　　　　勝　部　伸　夫
　　　　──経営学史研究の意義──
　5　物語る経営学史研究　　　　　　　　　　　　　　宇田川　元　一
Ⅲ　論　　攷
　6　会社法における株式会社観の日独比較　　　　　　山　口　尚　美
　　　　──私的所有物か公共物か──
　7　日本企業の集団的意思決定プロセスの研究　　　　浅　井　希和子
　　　　──組織論の分析視角と稟議制度──
Ⅳ　文　　献